VISIONS DE
MARS

D1208378

MARS

OLIVIER DE GOURSAC

Éditions de La Martinière Tallandier

SOMMAIRE

À mes parents et à ma famille qui m'ont donné la possibilité d'approfondir ma passion.

À ma tendre femme qui a supporté ces week-ends et soirées de travail, et à nos enfants : Maÿlis, Caroline, Christian, Henri et Philippe.

À tous ceux (ils se reconnaîtront) qui m'ont accueilli et soutenu dans mes projets « martiens » éducatifs et de promotion des missions vers les planètes, en France comme aux États-Unis, certains depuis plus de vingt ans :

Adrian, Alain(s), Albert (†), Alexandre, Antoine(s), Audouin, Barry, Béatrice(s), Bernard(s), Bertrand(s), Brigitte, Charles(s), Charley, Cheick, Christian, Constantin, Conway, Denis, Dorothée, Edmond, Elizabeth, Étienne, Francis, Frank, Franky, Gilles, Glenn, Henri, Jacques(s), James(s), Jean-Claude, Jean-Louis, Jean-Paul, Jurrie, Louis, Luigi, Marjorie, Marie, Martine, Maryline, Michel, Michèle, Mourad, Myriam, Nadège, Nathalie, Nicolas, Olivier(s), Palme, Phil, Philippe(s), Pierre, Richard(s), Robert(s), Rodrigue, Romain, Salsa, Serge, Stephen, Timarette, Thierry, Valérie, Virginia…

Cet ouvrage est aussi un vibrant hommage à tous ceux, et à leurs équipes, qui ont conçu des caméras pour les missions vers Mars :

Robert Leighton (Mariner 4, 6 et 7), Harold Masursky (Mariner 9), Raymond Arvidson et Thomas Mutch (atterrisseurs Viking), Michael Carr et Gerald Soffen (orbiteurs Viking), Jacques Blamont (atterrisseur Phobos), G. Avanesov et Alexey Kuzmin (orbiteurs Phobos), Jacques Blamont et Gerhard Neukum (Mars 96), Peter Smith et Matthew Golombek (Mars Pathfinder), Michael Malin (Mars Global Surveyor), Philip Christensen (Mars Odyssey), Colin Pillinger et Andrew Coates (Beagle 2), Gerhard Neukum (Mars Express), James Bell et Steven Squyres (Mars Exploration Rovers), Michael Malin, Alfred McEwen et Richard Zurek (Mars Reconnaissance Orbiter)…

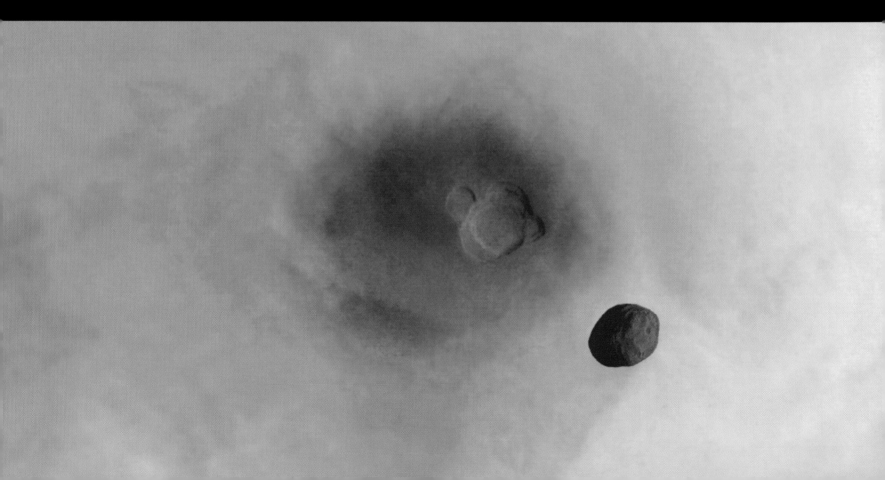

Survol du volcan géant Ascraeus Mons par la lune Phobos. Seul le sommet du volcan (18.219 m) dépasse des nuages (Viking) ▼

PRÉFACE

On a appelé Mars « l'ultime frontière », car elle évoque l'émerveillement et le mystère que la science-fiction essaie de capturer. La vraie planète Mars se révèle beaucoup plus magique et impressionnante que tout ce que la science-fiction a pu envisager, au fur et à mesure qu'elle se laisse découvrir grâce aux sondes robotiques qui permettent aujourd'hui de comprendre ce qu'elle est et à quoi elle a vraiment ressemblé.

Dans *Visions de Mars*, Olivier de Goursac dévoile le nouveau visage de Mars à partir des images tirées du meilleur des missions d'exploration de la planète, depuis les sondes Viking de la fin des années 1970. Cet ouvrage donne à tous l'accès aux plus belles vues que la planète rouge nous ait jamais offertes. En effet, Mars s'imagine mieux au travers des images qu'exprimée en mots, où elle perd sa dimension majestueuse.

L'histoire de la planète Mars ne fait que commencer. Peut-être des décennies d'explorations robotiques se succéderont-elles avant que des hommes voyagent jusqu'à ses rivages sablonneux. En attendant, les images prises par les sondes – Viking, Mars Global Surveyor, Mars Odyssey, Mars Express et les rovers Spirit et Opportunity – nous permettent de partager l'exploration de cet autre monde comme si nous étions sur place.

Pour beaucoup de scientifiques, dont je fais partie, Mars prend vie sous nos yeux au travers des belles images d'Olivier. *Visions de Mars* prend en outre le parti de la démarche artistique dans sa manière de déployer ses paysages et ses vues époustouflantes.

La planète que nous « parcourons » aujourd'hui est bien différente de celle découverte une génération avant nous. La première mission Viking nous a offert l'aperçu d'un monde morne et inhospitalier, inapte de prime abord à entretenir la vie. Depuis, grâce aux découvertes de Mars Global Surveyor, à la profusion d'informations données par les météorites martiennes trouvées sur Terre, ainsi qu'aux derniers résultats en provenance des sondes Odyssey et Mars Express, et aux missions des Mars Exploration Rovers, la nouvelle Mars se montre beaucoup plus enthousiasmante et présente des possibilités inimaginables voici une dizaine d'années.

Désormais, nous savons que Mars abrite un vaste réservoir d'eau sous forme de glace dans ses calottes polaires et dans les terres de ses hautes latitudes, et qu'il existe un processus qui permet à l'eau liquide d'émerger de falaises pour produire les paysages ravinés observés communément sur Terre. En outre, Opportunity a découvert l'existence d'anciennes mers salées peu profondes et d'étendues inconnues, mais suggérant un ancien environnement plus favorable que jamais à la vie telle que nous la connaissons.

Le tableau de la nouvelle Mars est bien loin d'être terminé et il reste beaucoup à découvrir pour l'achever. Cependant, les images présentées dans *Visions de Mars* reconstituent en partie le puzzle au fur et à mesure que les nouvelles générations de sondes nous révèlent la vraie nature de notre voisine.

Je connais Olivier depuis vingt ans, et son enthousiasme sans limites pour l'exploration de Mars est contagieux. Ce magnifique ouvrage est un hommage rendu à sa passion pour Mars, passion que j'ai pu observer quand nous avons commencé ensemble l'exploration de la planète au travers des images des atterrisseurs Viking. Au cours des années suivantes, Olivier et moi avons suivi des chemins différents, mais qui se sont toujours régulièrement croisés grâce à notre passion commune pour tout ce qui est martien. C'est pour moi un honneur et un privilège de livrer ces quelques commentaires sur *Visions de Mars*.

C'est l'heure « de Mars », et les images de cet ouvrage évoquent une planète qui nous appelle : restez attentifs, semblent-elles dire, car le meilleur est encore à venir !

Dr Jim Garvin, responsable scientifique de la NASA
pour l'exploration de la Lune et de Mars

Pourquoi Mars nous fascine tant ?

L'intérêt pour ce petit monde n'est pas nouveau. Il s'est nourri d'un vaste imaginaire, surtout depuis le XIXe siècle et la découverte de prétendus « canaux ». Dès que la science-fiction s'est accaparée de la thématique martienne, cette planète est devenue le refuge de notre imaginaire lointain. Grâce à elle, l'humanité vivait de nouvelles aventures. Il ne s'agissait plus de naviguer sur des mers inexplorées, mais d'envoyer des vaisseaux argentés à travers l'espace inter-planétaire pour y découvrir de nouveaux mondes.

Mars est la planète qui se positionne juste après la Terre en s'éloignant du Soleil. En réalité, elle n'intéresse pas grand monde avant 1610, année où Galilée tourne sa petite lunette vers la « planète rouge ». Les Anciens l'avaient ainsi nommée car elle prenait parfois une couleur rougeâtre qui leur faisait penser au sang et au dieu de la guerre. Il faut attendre l'astronome français Jean-Dominique Cassini pour connaître en 1666 la période de rotation de Mars : 24 heures et 40 minutes, valeur déjà exacte, à une minute près, à celle d'aujourd'hui ! Il aperçoit deux taches blanches aux pôles, qui augmentent l'hiver et diminuent l'été, et les identifie avec justesse comme des calottes polaires… Il calcule également qu'au mieux, Mars se situe à une distance équivalente à 150 fois la distance Terre-

Lune. Il déduit enfin que Mars est deux fois plus petite que la Terre. Quelle déception !

Le progrès des lunettes astronomiques va permettre d'avancer à grands pas. Les premières cartes de Mars sont dessinées en 1840. Le fameux mot « canaux » appa-raît en 1869, lorsque le Père Secchi, astronome à Rome, nomme « canali » les fins alignements sombres que l'on croit discerner à la surface. Les observations se multi-plient. Les astronomes veulent profiter de l'opposition (le moment où le Soleil, la Terre et Mars se retrouvent alignés) particulièrement favorable prévue pour 1877 : le 5 sep-tembre, elle n'est qu'à 56,2 millions de km de la Terre ! On découvre alors que la planète possède une atmosphère nuageuse et deux petites lunes que l'on nomme « Phobos » et « Deïmos ». Quelque temps après, Giovanni Schiaparelli, grâce à son excellente lunette, dresse la carte la plus détaillée de Mars jamais produite jusqu'alors. Il croit lui aussi voir de nombreux alignements et reprend l'appella-tion « canali » dans sa cartographie. En 1894, l'astronome américain Percival Lowell pense qu'il s'agit de canaux d'irrigation construits par une civilisation mourante et, quatre ans plus tard, le romancier H. G. Wells s'empare du sujet et publie sa légendaire *Guerre des Mondes* où l'on

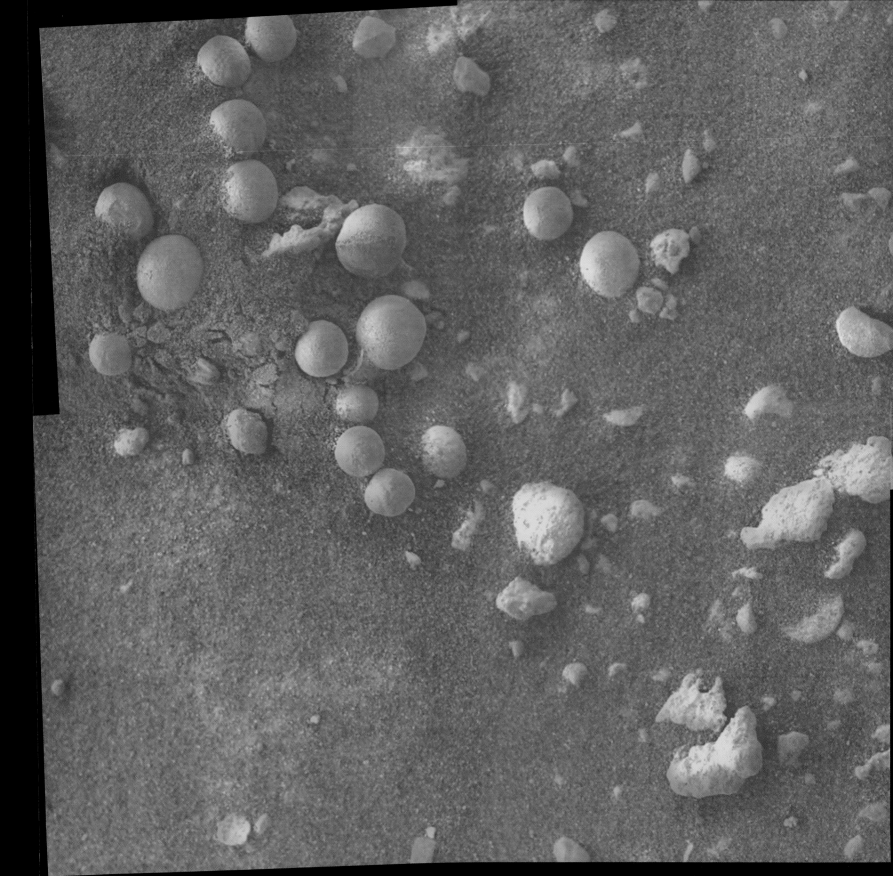

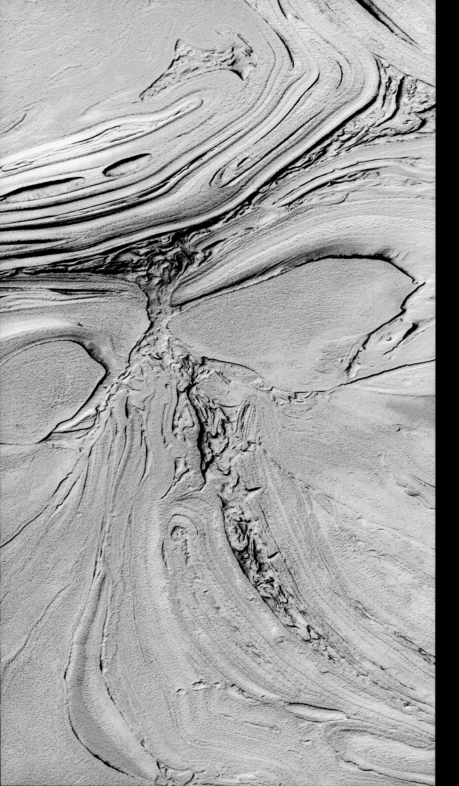

peut vivre les aventures d'Anglais fuyant leur campagne dévastée par les Martiens. Ce mythe va remplir l'imaginaire de millions de Terriens pour les nombreuses décennies à venir. Mais dès 1909, les théories de Lowell sont contestées… Des astronomes calculent que l'air doit y être moins dense à cause de la moindre gravité de la planète : au mieux 14 % de la pression terrestre avec une température moyenne plutôt proche de -40 °C Mars est alors envisagée comme un monde froid et hostile pour les formes vivantes. On estime que la vie martienne la plus avancée doit ressembler à des mousses et des lichens.

Mais le public n'a pas pris conscience des faits. Il croit toujours aux Martiens. Et le 30 octobre 1938, Orson Welles, alors âgé de vingt-trois ans, provoque une véritable panique à New York avec son émission radiophonique. En cette veille d'Halloween, son adaptation trop réaliste de *La Guerre des Mondes* fait fuir des milliers de New-Yorkais paniqués par l'invasion martienne…

Après guerre, la planète rouge va de nouveau enflammer l'imagination du public et des chercheurs. En 1950 deux romans « culte » sont publiés : Les *Chroniques martiennes* de Ray Bradbury et *Sables de Mars* par Arthur C. Clarke En 1952, Werner von Braun publie ce qui va rapidement

Le minirover Sojourner vient de descendre la rampe de Pathfinder et va se positionner contre le gros rocher Yogi à droite. (MPF)

...devenir le livre de chevet de tous les ingénieurs travaillant à l'époque sur les fusées : *The Mars Project*, où dix grosses fusées se posent sur Mars. 1954 voit enfin le grand succès au cinéma de *La Guerre des Mondes*, film réalisé par George Pal.

Tandis que l'on confirme la sécheresse et l'inactivité volcanique de la planète, on s'aperçoit que certains microorganismes terrestres peuvent survivre sur Mars en état de léthargie ou d'hibernation. Après les résultats transmis par la sonde Mariner 4 en 1964, les scientifiques concluent qu'il n'existe pas de vie très développée sur Mars. Si les Martiens existent, ils doivent être réfugiés dans les profondeurs de la planète sous forme de bactéries anaérobies !

TERRE

L'ENSEMBLE DES CONNAISSANCES MODERNES DE MARS DÉCOULE DE L'EXPLORATION SPATIALE. CE MONDE NOUS EST MAINTENANT RÉVÉLÉ SOUS TOUTES SES FACETTES. LORSQU'UN VAISSEAU INTERPLANÉTAIRE S'APPROCHE DE LA PLANÈTE ROUGE C'EST D'ABORD SA BELLE ROBE CUIVRÉE QUI S'OFFRE À NOS REGARDS. ELLE VARIE DU GRIS FONCÉ À L'OCRE JAUNE EN PASSANT PAR TOUTES LES NUANCES DU BRUN. CETTE TEINTE EST DUE À LA PRÉSENCE, SUR L'ENSEMBLE DE SA SURFACE, D'UN MINÉRAL HAUTEMENT MAGNÉTIQUE, LA MAGHÉMITE. CELUI-CI EST DIRECTEMENT PRODUIT PAR L'OXYDATION D'UN MATÉRIAU TRÈS FIN ISSU DES BASALTES. TRANSPORTÉE PAR LES VENTS, LA MAGHÉMITE COLORE ÉGALEMENT L'ATMOSPHÈRE D'UN BEAU ROSE SAUMON. LA SURFACE DE MARS ELLE-MÊME EST FAITE D'UN MÉLANGE D'ARGILES RICHES EN FER. MARS EST UN MONDE ROUILLÉ À GRANDE ÉCHELLE !

Un relief déséquilibré

Mars, planète de taille intermédiaire entre la Lune et la Terre, l'est aussi par son histoire. Elle a connu un passé très « terrestre » et, de-ci, de-là, de gigantesques traces d'inondations témoignent d'un passage de l'eau qui pouvait autrefois couler librement sous un climat sans doute favorable à l'éclosion de la vie. La planète rouge se dévoile comme un monde ayant jadis possédé une géologie très active ; elle donne l'image d'une petite Terre qui a vieilli trop vite et qui semble maintenant gelée de partout. Mars présente aussi le visage d'un monde au relief déséquilibré. On découvre en effet une grande différence entre les deux hémisphères de la planète.

L'hémisphère Nord semble jeune. Il est recouvert de larges plaines très plates et peu cratérisées, mais aussi de reliefs très tourmentés. Ses nombreux volcans, ses plaines de laves refroidies, son énorme canyon, sont autant de témoignages d'une géologie autrefois très active. En outre, entre 20°N et 75°N, les altitudes se situent jusqu'à 5 km *sous* le rayon moyen de Mars. Au-dessus de 50° de latitude Nord, la surface est plate sur de grandes distances. Il s'agit de terrains gorgés de glace qui ressemblent aux vastes étendues gelées des plaines de Sibérie. Deux exceptions : le grand plateau volcanique de Tharsis qui est un énorme bombement de la croûte martienne haut de 8 km (à la base de 3 de ses 4 volcans géants), et la région volcanique d'Elysium, qui dépasse de 3 à 5 km les basses plaines environnantes.

L'hémisphère Sud de Mars ressemble beaucoup à notre Lune. Il est criblé de cratères d'impacts témoins des bouleversements des débuts du système solaire. Les altitudes se situent environ à 3 km *au-dessus* du rayon moyen de la planète. Seules exceptions : deux grands bassins créés par des impacts géants d'astéroïdes : Argyre et Hellas. Ce dernier possède les endroits les plus profonds, jusqu'à 8 km sous le niveau moyen de la planète ! On pense que le choc qui créa Hellas fut si puissant qu'il fit

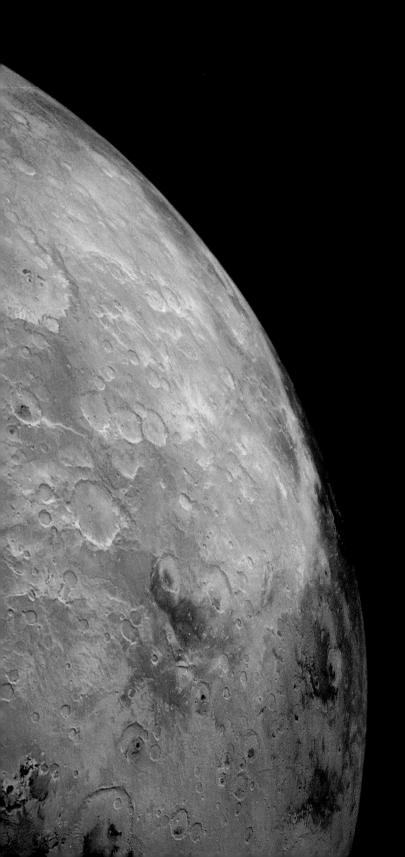

vibrer la planète comme une cloche. Se serait alors créé aux antipodes un mouvement convectif sous la croûte dans le manteau pâteux et chaud de la planète, qui aurait engendré le bombement volcanique de Tharsis.

Cette étonnante dichotomie entre les hémisphères a sans doute été provoquée par les bombardements titanesques d'astéroïdes géants. Mais très vite après la naissance de Mars, la croûte fut aplanie. Les seuls vestiges que nous pouvons contempler aujourd'hui de ces événements sont les bassins les plus tardifs – Chryse et Utopia –, vastes dépressions qui ont été comblées par l'énorme quantité de sédiments déposés lors des inondations massives que connut ensuite ce monde.

L'intérieur de Mars doit posséder un manteau plus froid et plus épais que celui de la Terre ; sa nature est plus pâteuse avec une convection plus lente. L'écorce de Mars est plus épaisse aussi : 50 km contre 25 km en moyenne pour notre globe. Dans les grandes plaines boréales l'écorce est plus fine : 35 km d'épaisseur contre 60 km pour l'hémisphère Sud. La planète possède en outre un noyau métallique ferreux partiellement fondu, d'environ 1 600 km de rayon. Il subsiste aussi un très faible champ magnétique autour de la planète, mais on se perd en conjectures pour en expliquer l'origine.

Au centre, le grand cratère Schiaparelli (450 km de diamètre). Opportunity s'est posée plus à l'ouest dans la région sombre. (USGS)

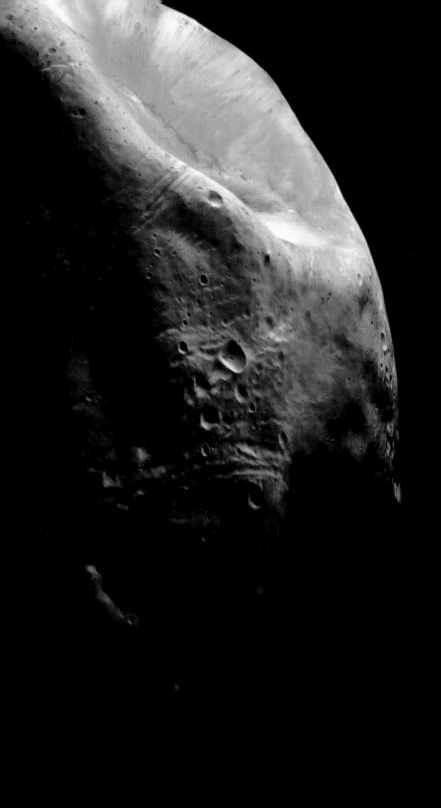

Deux satellites en forme de *patate*

Les deux petits satellites naturels de Mars, Phobos e
Deïmos, sont maintenant bien connus. En 1877, l'astro
nome américain Asaph Hall voulut profiter du rapproche
ment favorable de la planète pour savoir si elle posséda
des lunes. Découragé de ne rien trouver, il allait aban
donner toute recherche lorsque sa femme, Angelin
Stickney, insista pour qu'il retourne coller l'œil à l'oculaire
de son télescope. Ainsi furent découvertes les deu
petites lunes de Mars. Il les nomma Phobos et Deïmos (er
grec : « peur » et « épouvante »), du nom des deux chevau
tirant le char du dieu de la guerre. Ce sont deux petites
« montagnes » volantes de forme irrégulière. Ces asté
roïdes capturés par la planète mesurent respectivemen
et en moyenne 23 km et 12 km de large.

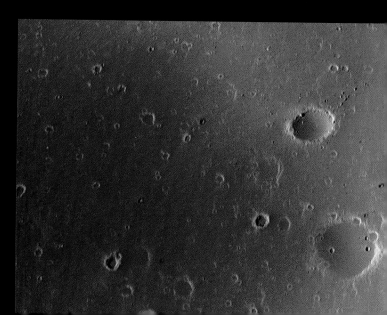

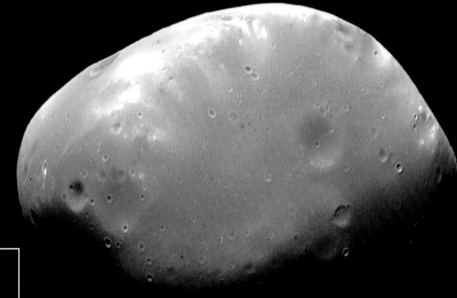

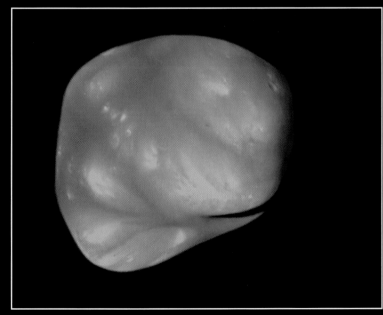

Deïmos illuminé de face par le Soleil. Les débris ont formé des traînées claires en coulant doucement le long des pentes. (Viking)

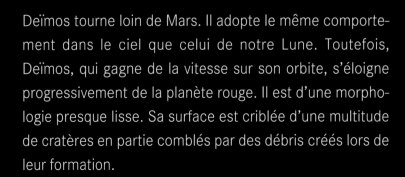

Deïmos tourne loin de Mars. Il adopte le même comportement dans le ciel que celui de notre Lune. Toutefois, Deïmos, qui gagne de la vitesse sur son orbite, s'éloigne progressivement de la planète rouge. Il est d'une morphologie presque lisse. Sa surface est criblée d'une multitude de cratères en partie comblés par des débris créés lors de leur formation.

Phobos tourne si vite (en 7 heures et 39 minutes) et si près autour de Mars (5 990 km au-dessus de la surface), qu'un observateur sur la planète rouge le voit comme une petite étoile qui se lève à l'ouest et se couche à l'est,

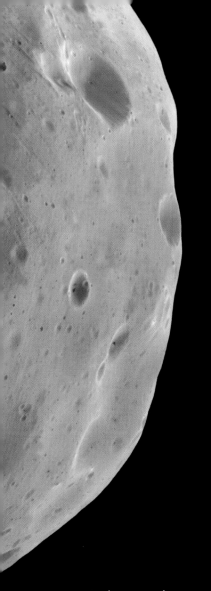
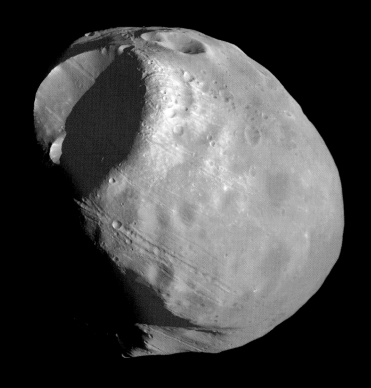
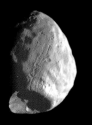

contrairement à notre Lune. Mais son orbite est décroissante, car l'influence gravitationnelle de la planète crée un freinage progressif du satellite. On estime ainsi que dans moins d'une centaine de millions d'années, il s'écrasera sur Mars et créera un énorme cratère. Phobos possède un impressionnant réseau de fractures, prenant son origine au grand cratère Stickney, d'un diamètre de 10 km. Le choc qui créa Stickney fit vibrer Phobos et engendra ce vaste réseau de failles, parfois larges de 200 m, profondes de 20 m, qui courent sur plusieurs kilomètres de longueur. La température sur Phobos varie de -4 °C au Soleil à -112 °C à l'ombre. Sa surface est entièrement recouverte d'une couche de poussières (régolite) d'un mètre d'épaisseur qui provient de la pulvérisation du sol par les petits corps célestes qui s'y sont écrasés. De larges roches apparaissent aussi comme à moitié enterrées. Malgré la très faible pesanteur régnant à la surface, des matériaux arrivent quand même à glisser doucement le long des pentes. En effet, la gravité sur Phobos est 1 200 fois moins importante que sur Terre : une personne de 80 kg n'y pèserait que 66 grammes ! Et si un astronaute s'amusait à lancer une balle devant lui, elle passerait en orbite autour du satellite, raserait la surface, puis viendrait lui taper dans le dos.

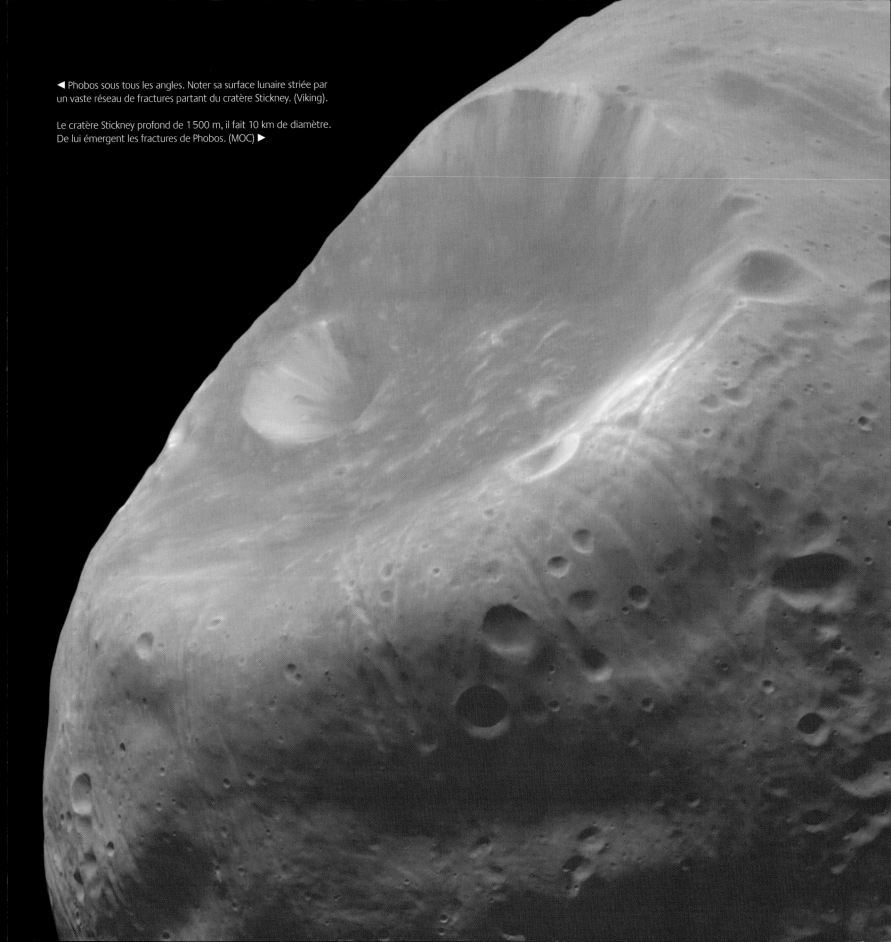

◄ Phobos sous tous les angles. Noter sa surface lunaire striée par un vaste réseau de fractures partant du cratère Stickney. (Viking).

Le cratère Stickney profond de 1 500 m, il fait 10 km de diamètre. De lui émergent les fractures de Phobos. (MOC) ►

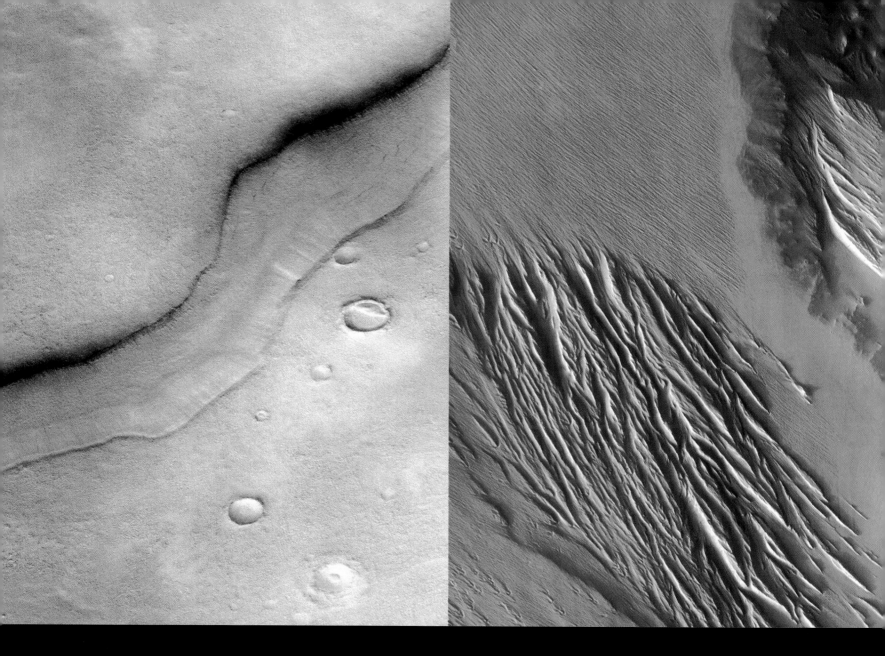

De vastes plaines balayées par les vents

Les plaines représentent plus du tiers de la surface de Mars. Principalement situées dans l'hémisphère Nord de la planète, elles portent par endroits de nombreuses traces d'événements soudains (écoulements de boues et de laves, fractures, cratères…). Dans le Grand Nord, les paysages affectent l'aspect localement tourmenté des terrains gelés avec de petites buttes, des étendues striées de fractures en forme de polygone et des cratères dont la base prend la forme de galette aplatie. Les plaines d'Acidalia et d'Utopia possèdent de larges zones où les polygones font jusqu'à 30 km de large. Ils sont entourés de creux au fond plat, larges de quelques centaines de mètres, qui sont nés

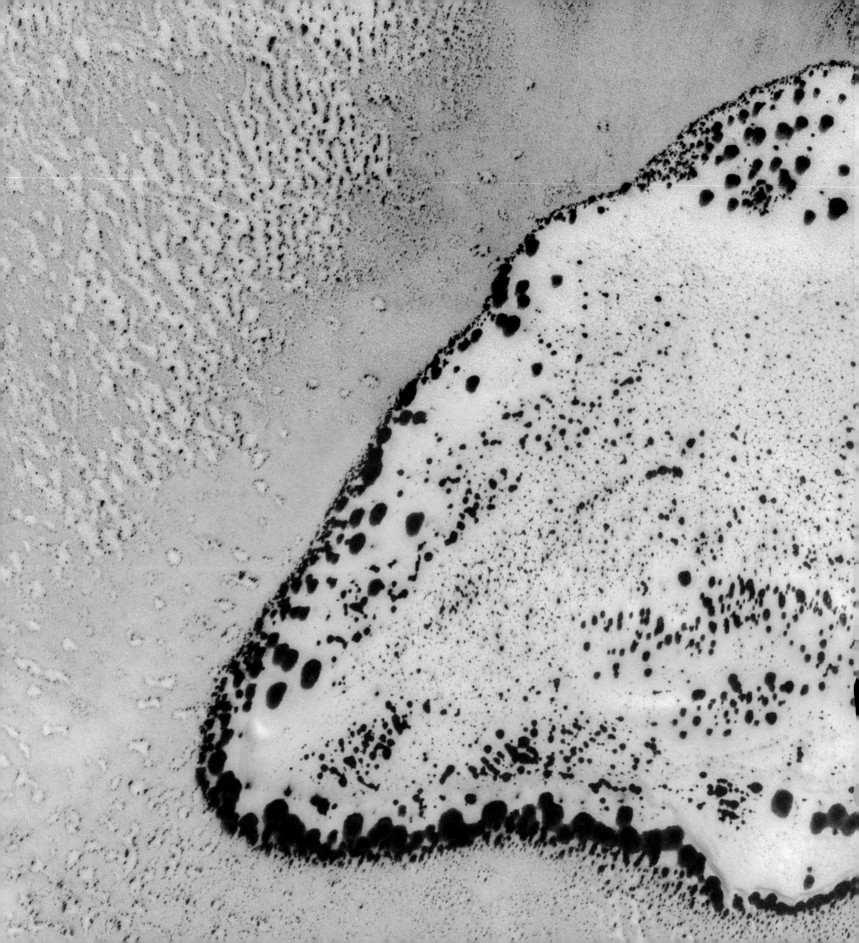

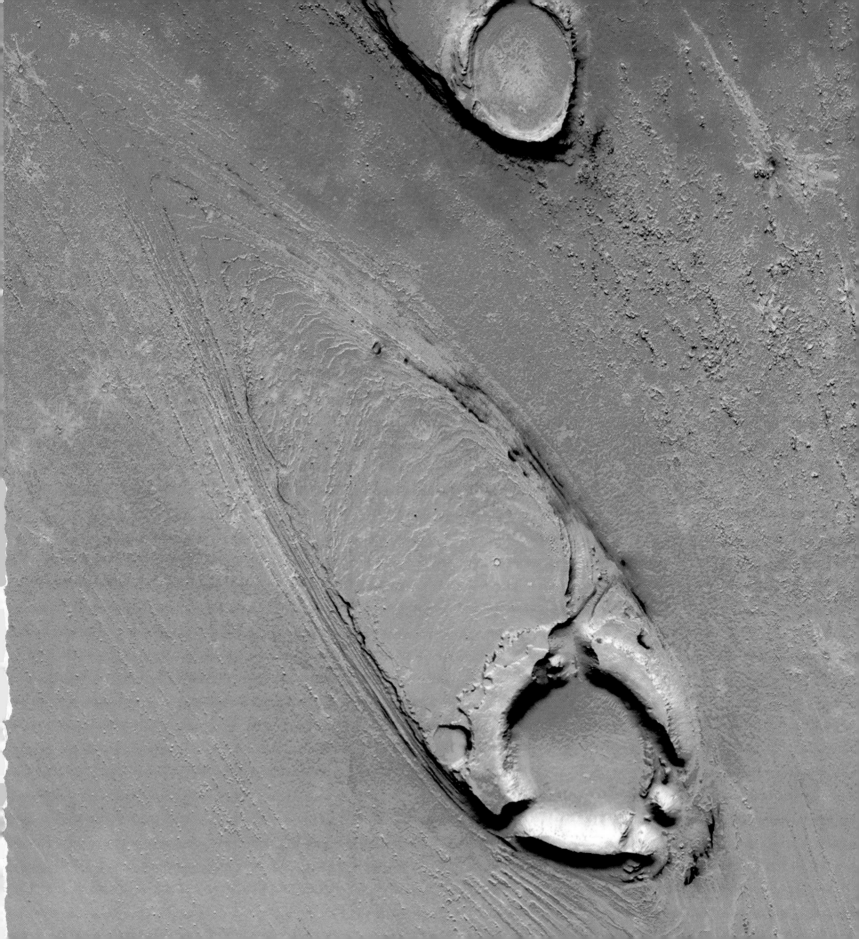

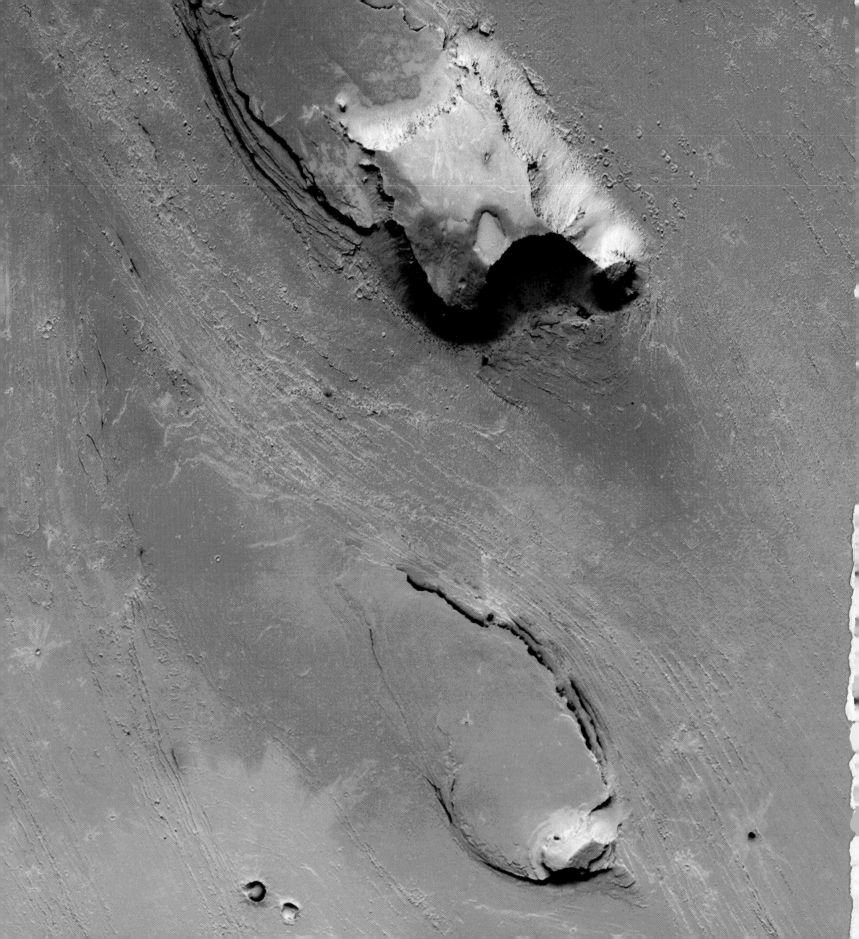

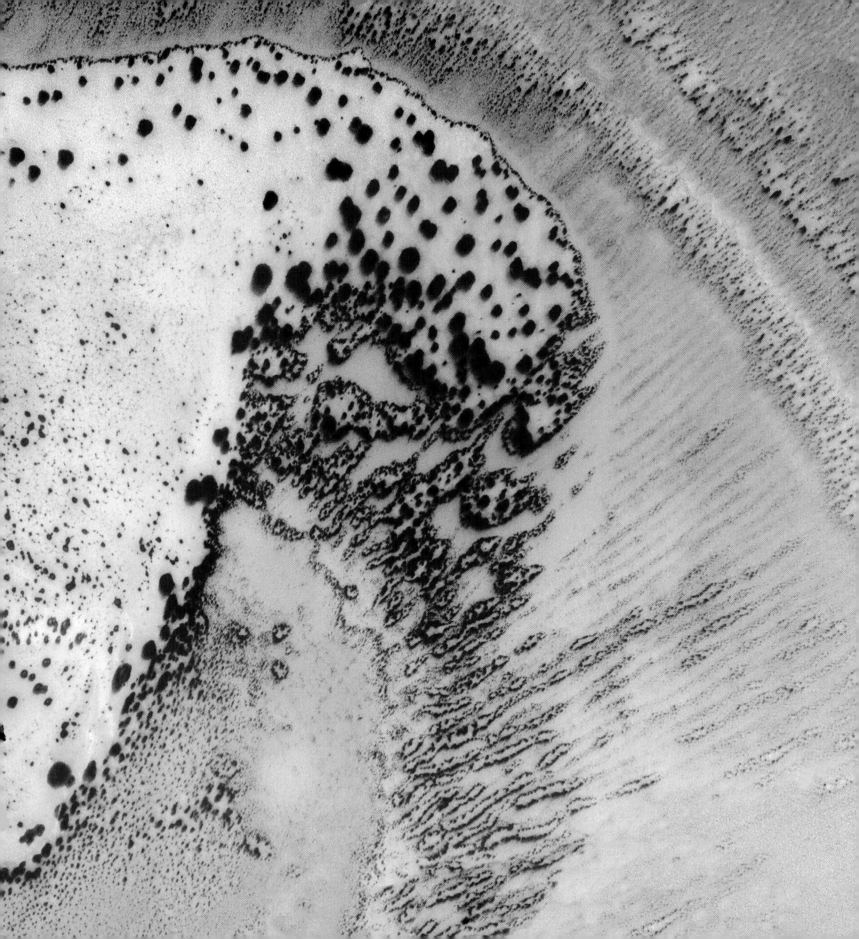

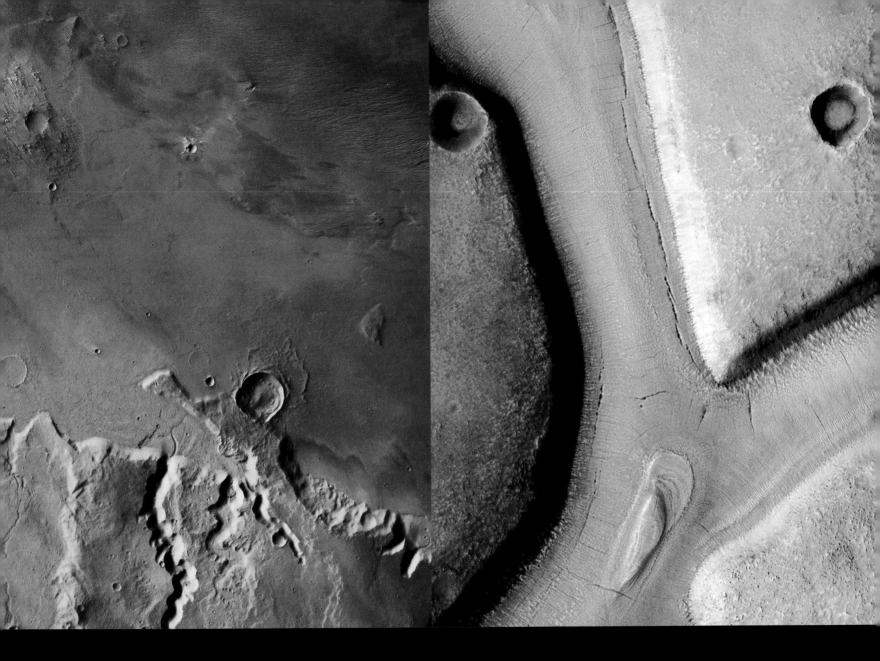

du refroidissement et de la contraction des terrains gelés. La glace dans le sol se déforme aussi au gré de l'alternance des périodes de réchauffement et des refroidissements au cours des âges. Parfois, on aperçoit également des plaques de sédiments volcaniques ayant bougé sur le relief d'origine pour en épouser grossièrement les formes.

▲ pp. 24-25, de gauche à droite. 1. Section large de 3 300 m de terrains gelés dans Utopia Planitia par 41° N et 258° O. (MOC) 2. Par 5° S et 160° O (surface large de 23 km), à l'ouest de Tharsis, les plaines ont été sculptées par les vents dominants. (Themis) 3. Entre les terrains de l'hémisphère Sud (bas) et les plaines du Nord (haut) par 5° S et 147° O, l'impact qui a créé le cratère large de 9 km au centre a fait « splash » en liquéfiant les terrains gelés. (USGS) 4. Section de 2 300 m de large, à l'ouest d'Utopia Planitia (par 38° N et 282° O) : mesas de terrains gelés, érodées par les vents. (MOC)

Page suivante. Sur 3 km de large, reliefs à l'ouest d'Olympus Mons, par 12° N et 158° O, sculptés par les vents sur les plaines volcaniques. (MOC)

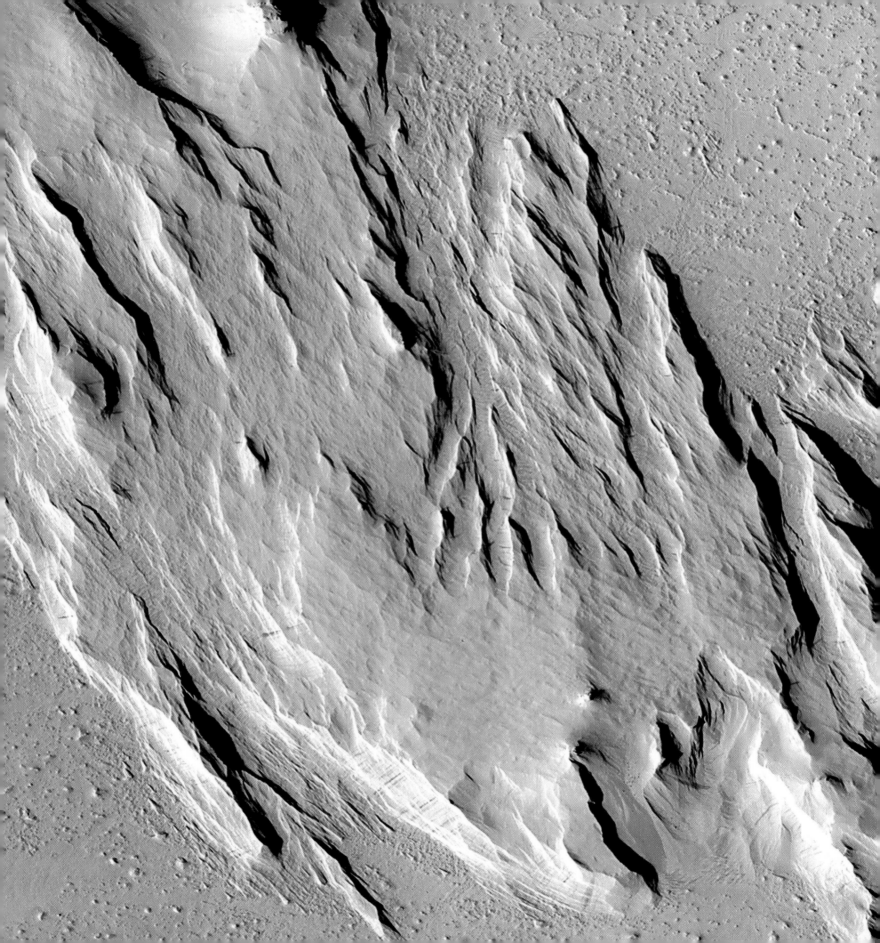

LE *VISAGE* DE MARS

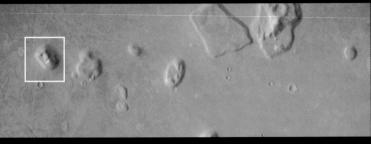

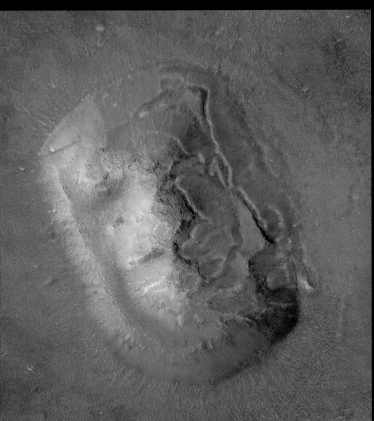

Autre illusion : le « Fossile » découvert au centre de la roche « Guadalupe » (ci-dessus, MER). C'est en fait une cavité de 2 mm de large, laissée après que les sels cristallisés dans la roche aient été dissous par l'eau. Le rover Opportunity l'a poncée, en même temps que les sphérules alentour (ci-dessous, MER).

Mars perd son « Visage » et son « Fossile », mais il y a peut-être ailleurs une vraie vie microbienne cachée.

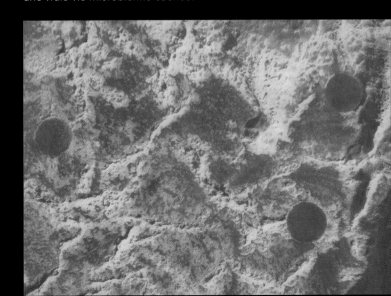

Un vieux mystère datant de 1976 enfin résolu. Par 9,6°O et 40°N, trônait le « Visage » de Mars (haut, Viking). Était-ce une trace laissée par une civilisation disparue ? Grâce à sa résolution dix fois meilleure que celle de Viking, la caméra de Mars Global Surveyor a révélé… une structure géologique usée, haute de 400 m et de 2,5 km sur 2 km, ressemblant aux mesas des déserts terrestres (ci-dessus, MOC).

De gigantesques champs de dunes

Les trois années martiennes vécues à la surface par l'atterrisseur Viking 1 ont montré que les vents ont peu sculpté le paysage. Après le passage d'une grande tempête de poussières, on remarque seulement que la surface a été localement soufflée, avec des petits cailloux bougés, et que des sédiments se sont accumulés dans le sillage des pierres. En revanche, au gré des millénaires

▲ « Mais où sont les chameaux ? » demandèrent les scientifiques lorsqu'ils virent cette vue prise par Viking 1 tôt le matin. (Viking)

Section de champ de dunes, large de 2,7 km, dans un cratère au nord d'Argyre Planitia, par 34° S et 49° O. (MOC) ▶

Autre section de dunes façonnées par les vents, large de 2 km, dans le cratère Rabe, par 44° S et 326° O. (MOC) ▶▶

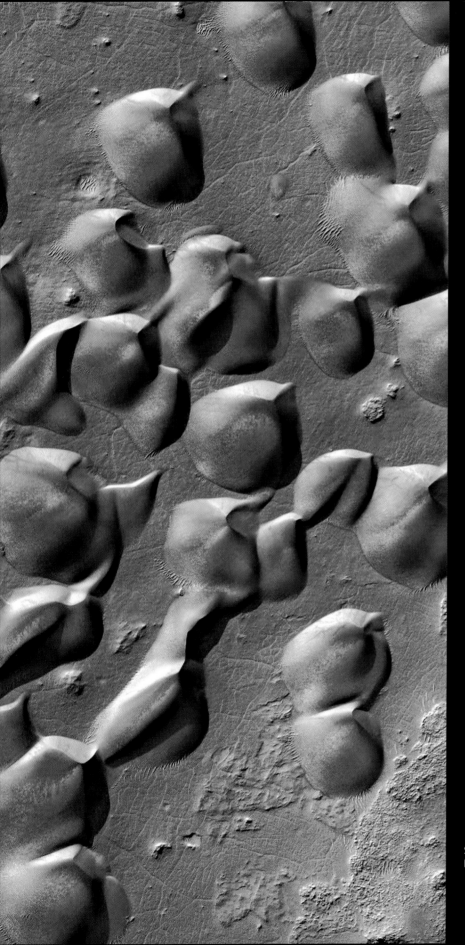

les vents ont pu modeler d'immenses étendues en les recouvrant de grands champs de dunes géantes (appelées « barchanes »), identiques à celles que l'on trouve en Namibie près de l'océan. Ces dunes font en moyenne 50 m de hauteur, mais peuvent aller jusqu'à 100 m pour les plus hautes. Certaines dunes, sculptées par les vents, affectent même des formes étranges rappelant parfois la beauté des calligraphies orientales... D'autres régions ont été recouvertes de yardangs (crêtes sculptées par les vents dans des sédiments tendres).

Les vents martiens ont aussi comblé de sédiments l'intérieur des cratères, jusqu'à ne laisser parfois qu'un léger creux trahissant leur présence. Depuis la surface on a pris des images en gros plan de petites dunes, révélant leur structure formée de grains de sable. Cette existence de sable témoigne ainsi d'une érosion éolienne encore active sur Mars, capable de transporter des sédiments.

Section, large de 2,5 km, de dunes circulaires dans le cratère Wirtz, par 49° S et 26° O à l'est d'Argyre Planitia. (MOC)

ÉCRITURES MARTIENNES

La magie de Mars ! Les vents martiens ont façonné les sédiments près du pôle Nord et nous dévoilent des calligraphies orientales. À gauche, section de dunes large de 3,2 km, par 78°N et 255°O. À droite, section large de 2,5 km, par 78°N et 250°O. (MOC)

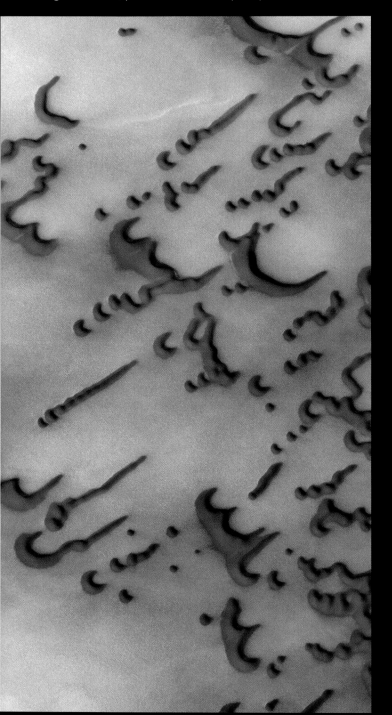

Au pôle Sud, autre surprise. Mars nous dévoile son méridien zéro (« iniY » ou « initialisation des coordonnées en Y »), en trouvant la glace carbonique sur 900 m de long, par 86°S et 0°O… (MOC)

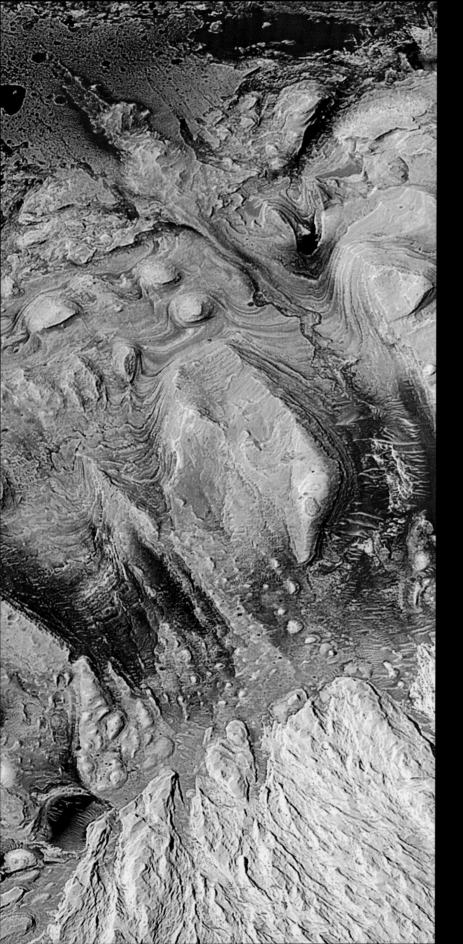

La chasse aux fossiles est ouverte !

Au fond de certains cratères et dans le grand canyon Valles Marineris, on distingue des traces successives d'accumulation de dépôts sédimentaires en milieu lacustre ou marin. Ces stratifications, de quelques mètres à quelques dizaines de mètres d'épaisseur, sont disposées en couches régulières. Elles ont été formées par l'action de l'eau qui a longtemps stagné sous forme de lac ou de petite mer. Cette période chaude qui débuta 4,3 milliards d'années avant notre ère a duré environ 700 millions d'années. On sait qu'une grande partie de Mars devait ressembler, à l'origine de son histoire, au Grand Nord canadien au printemps: des paysages ponctués de lacs parfois gelés dans les creux des reliefs et des cratères. Ils se rejoignaient pour former de petites mers, puis un grand océan dans l'hémisphère Nord. Lorsque la planète s'est refroidie et que les conditions climatiques se sont dégradées, l'eau a progressivement disparu de la surface et s'est réfugiée dans le sous-sol. Ensuite, d'autres grands événements, comme la vidange des immenses réservoirs du grand canyon Valles Marineris (5000 km de long) ont recréé le vaste océan boréal. Au fond du canyon demeurent des traces plus claires de dépôts lacustres de sels minéraux soufflés et sculptés par les vents. Il s'agit peut-être aussi de sédiments calcaires nés d'une réaction entre le gaz carbonique (CO_2), constituant majeur de l'atmosphère martienne, et le calcium présent dans l'eau. Ces couches de sédiments accumulés au fond de ces anciens lacs seraient d'ailleurs les meilleurs endroits pour trouver des traces de fossiles, si la vie s'est développée sur Mars. La chasse aux fossiles martiens est maintenant ouverte !

Empilement de couches sédimentaires sous l'action de l'eau dans le cratère Gale sur 3 km de largeur, par 5° S et 223° O. (MOC)

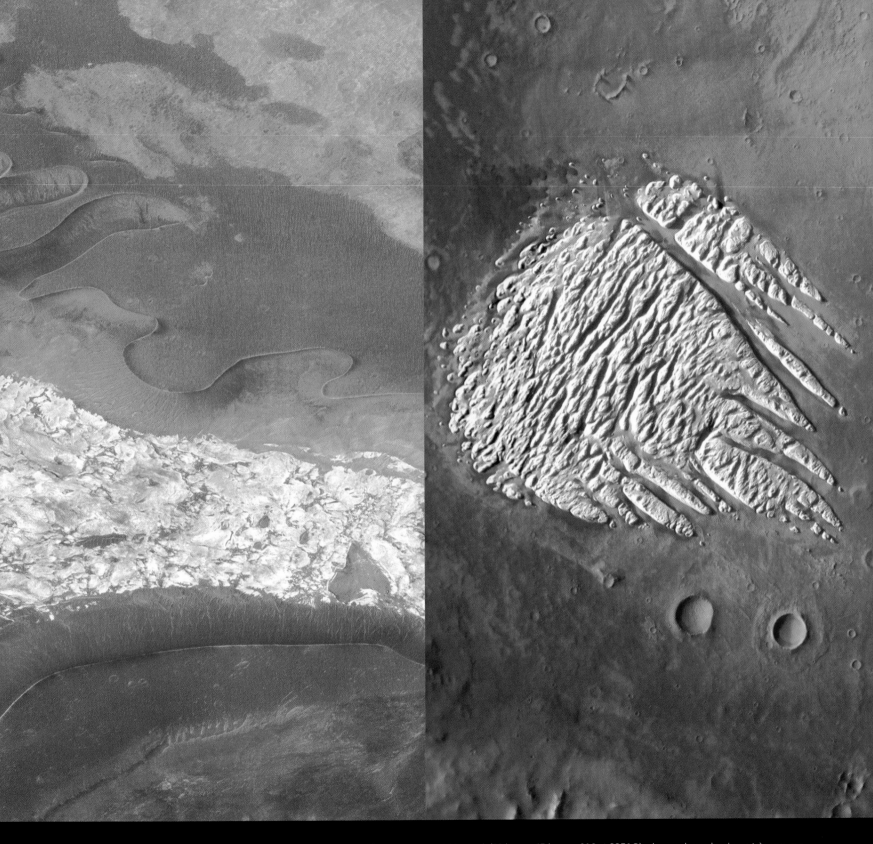

Coprates Chasma (Valles Marineris), par 14° S et 59° O : roches sédimentaires affleurant la surface sur 700 m de large (en hauteur). (MOC)

White Rock (18 km sur 15 km par 8° S et 335° O) : des cendres volcaniques très compactées qui s'érodent sous le vent. (Themis)

Des paysages variés, témoins du passé de Mars

Longtemps, notre vision de la surface de Mars fut celle des deux atterrisseurs Viking. Il fallut attendre 1997 et Mars Pathfinder pour découvrir un paysage chaotique, celui-là même où Viking n'avait pu se poser en 1976. Pour les deux véhicules MER (Mars Exploration Rover), les scientifiques ont choisi de se poser sur des sites façonnés par l'eau, plats et possédant le moins de cailloux possible. Ils n'ont pas été déçus!

◄ Site d'atterrissage de Spirit. Au premier plan, les airbags teintés de poussières. Au fond, les Columbia Hills. (MER)

Zone El Capitan de roches sédimentaires au site d'Opportunity. Au centre en haut, la roche Guadalupe va bientôt être poncée. (MER) ▼

Grâce aux bras collecteurs des Viking et aux roues des rovers, on a pu voir que le sol martien se comporte comme un sable de plage mouillé, alors qu'il est en fait extrêmement sec. Les aimants sur les sondes ont révélé que le sol martien contient entre 1 % et 7 % d'un minéral hautement magnétique, la maghémite, qui donne sa couleur brun jaune à la planète. L'atmosphère semble transporter de très fines particules (2 microns de diamètre) qui apparaissent comme des agrégats de matériaux argileux soudés entre eux par des oxydes de fer et par la maghémite. C'est une preuve de l'action passée de l'eau sur Mars, car le fer à la surface s'est autrefois dissout au fil des inondations. L'eau disparue, il restait un précipité séché: la maghémite. Celle-ci a été ensuite transportée par les vents.

La composition de la surface de Mars est identique sur tous les sites explorés par les sondes. Les constituants principaux sont le silicium (20 %), le fer (12 %), le magnésium (5 %), le calcium (4 %), l'aluminium (3 %), le chlore (0,7 %) et le titane (0,5 %). L'oxygène représente à lui seul 50 % de la masse du sol, car tous les éléments sont présents sous forme d'oxyde, sauf pour le chlore.

La surface de la planète rouge est faite d'un mélange d'argiles riches en fer (80 %), de sulfate de magnésium (5 %), d'oxydes de fer et de silicium (5 %). Le soufre y est cent fois plus présent que sur Terre, sous forme de sulfate, ce qui permet de cimenter les sédiments et de former localement une croûte superficielle de terrains possédant une bonne cohésion.

▲ Vue depuis la crête Longhorn par Spirit en grimpant sur les collines Columbia Hills. Les roches à gauche ne sont pas bleues, mais grises, trahissant leur nature basaltique. Certains affleurements plats et clairs sont des roches tendres modifiées par l'action de l'eau : les collines furent des îles autrefois. De gauche à droite à l'horizon : à 30 km la vaste mesa qui borde l'embouchure de Ma'adim Vallis au sud du cratère Gusev, puis les collines Chaffee et Grissom situées à 15 et 10 km respectivement. Enfin à 14 km, s'étire le rempart d'un cratère (MER)

Les plaines grises d'hématite de Meridiani, vues par Opportunity. À 440 m, le parachute et sa coiffe éjectés lors de l'atterrissage. Noter les suspentes entourant la coiffe. (MER) ▶

Un paysage représentatif de Mars pour Viking 1

En 1976, les images prises d'orbite révélèrent que le site prévu pour l'atterrissage de Viking 1 était trop chaotique. La sonde aurait été endommagée si elle s'était posée dans Ares Vallis, car sa garde au sol de 22 cm était insuffisante, et son fond isolant aurait été percé par une roche. On choisit alors un site 850 km plus au nord-ouest : Chryse Planitia.

Viking 1 a atterri dans un paysage parmi les plus représentatifs de Mars. Le relief y ondule doucement. Le socle des roches est parfois pris dans des sédiments formés par un matériau à grains très fins, d'origine éolienne, recouvrant lui-même un sol plus ferme à texture granuleuse ressemblant à du sable. De-ci, de-là, ces sédiments ont formé des dunes larges d'une dizaine de mètres. Le site est aussi parsemé de petits cailloux et de blocs. À l'horizon, on aperçoit des remparts de cratères. Vers le sud, le sous-sol rocheux affleure à la surface.

Grâce aux relevés topographiques, on sait que l'eau, en coulant vers le nord pour remplir les basses plaines et former un océan, a traversé ce site, même si les traces d'écoulements ne sont plus très visibles. Pourtant, après la période d'inondations, l'eau a dû stagner un certain temps dans les dépressions. Sur le site de Viking 1 sont peut-être préservés des fossiles d'une vie primitive si elle a existé et, pourquoi pas, des traces de vie martienne si elle survit encore. De fait, certains scientifiques aimeraient retourner à cet endroit pour tenter d'autres expériences et mesurer le vieillissement des composants de la sonde.

Une plaque commémorative attend toujours au Musée national de l'Air et de l'Espace à Washington d'être placée sur Viking 1 par de futurs astronautes…

Un ancien fond océanique pour Viking 2

La sonde Viking 2 s'est posée sur le site d'Utopia Planitia, au cœur des vastes plaines boréales. Ses caméras ont révélé un relief à l'horizon plat et monotone, avec moins d'un mètre de relief… au lieu des dunes de sédiments escomptées avant l'atterrissage ! Deux anciens cratères, dont seuls les terrains de la base comprimés par la force de l'impact sont restés en l'état, sont aussi visibles au loin. Grâce aux relevés topographiques, on sait que l'on se situe dans un ancien fond océanique. Il fut rempli de débris et de sédiments variés, d'abord apportés par l'eau puis jetés par les derniers impacts ayant formé des cratères (éjectats).

Autour de la sonde, une série de dépressions, d'un mètre de large et de 10 cm de profondeur, se réunissent entre elles pour former de vastes polygones. Remplies de sédiments, elles résultent d'une contraction de la surface gelée liée à un cycle saisonnier gel/dégel.

On sait que la croûte des vastes plaines boréales retient encore prisonnière beaucoup d'eau sous forme de glace, grâce à la détection des atomes d'hydrogène, composant de l'eau, qui s'échappent de la surface. Mais déjà en 1976, on en avait eu l'intuition. En effet, un tremblement de terre, d'une magnitude de 3 sur l'échelle de Richter, a été enregistré par Viking 2, et le signal a été amorti en une minute, autre preuve que l'eau, après avoir stagné très longtemps, reste encore stockée sous la forme d'un sous-sol gelé.

En haut : 15 h au site de Viking 1 sur Chryse Planitia. À 10 m, les gros rochers Big Joe, larges de 2 m et hauts de 1 m. (Viking) En bas : midi et demi sur Utopia Planitia, un ancien fond océanique uniformément recouvert de pierres des cratères alentour. La courbure de l'horizon est artificiellement due à l'inclinaison de la sonde posée sur une pierre. En réalité, le site d'Utopia est plat. (Viking)

Misty Mountain («montagne embrumée») qui culmine à 450 m d'altitude. Pathfinder s'est en fait posée sur la pente d'un léger relief créé dans le sillage des Twin Peaks. Les caméras du minirover Sojourner ont permis d'observer les roches d'une hauteur de 25 cm, comme vues par un chien. Du sable aux grains d'un diamètre inférieur au millimètre a été découvert en grattant la surface de la dune Mermaid. On a pu également voir des petits galets arrondis, larges de 3 à 4 cm, preuve que des roches ont été façonnées par l'eau, même si le vent semble être le seul agent d'érosion actuellement actif sur Mars. On voit ainsi qu'une épaisseur de 2 à 5 cm de sédiments a été soufflée depuis quelques dizaines de milliers d'années à la surface d'Ares Vallis.

Midi pour Pathfinder. À gauche, Sojourner escalade une roche. Au fond, les Twin Peaks. Au centre, le gros rocher Yogi. (MPF)

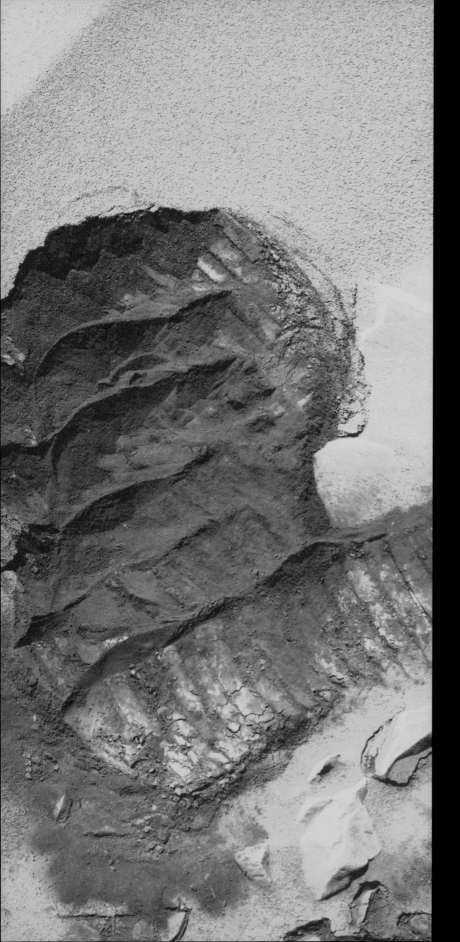

Spirit : à la recherche d'un ancien lac

En 2004, les rovers MER se sont posés là où l'eau a coulé autrefois. Spirit s'est posé dans le cratère Gusev, d'un diamètre de 160 km, situé à 250 km au sud du volcan Apollinaris Patera qui a recouvert de cendres le cratère. À 1 000 km au sud de Gusev, l'eau a rempli autrefois une myriade de lacs d'une surface grande comme le bassin de l'Amazone. Un barrage naturel céda : les flots se sont transformés en un énorme torrent de boues. Le chenal Ma'adim Vallis était né. C'est une vallée étirée sur 1 000 km et large parfois de 20 km. Elle a formé un lac profond de 400 m dans le cratère Gusev, collectant des sédiments variés. Le site se trouve là où l'eau a longtemps stagné, dans un lac résiduel profond d'une trentaine de mètres.

Spirit est entouré de petits cratères érodés et comblés de sédiments. Des collines à 3 km à l'est (Columbia Hills) sont hautes d'une centaine de mètres. Ce furent autrefois des îles. Bonneville, un cratère large de 220 m, à 320 m au nord, a été exploré par Spirit.

Le sol est jonché de sédiments d'origine éolienne et volcanique : la détection d'olivine, minéral facilement détruit par l'eau, en est la meilleure preuve. Les sédiments lacustres restent cachés. Mais on s'est aperçu que la couche superficielle, épaisse de 1 à 5 cm, est constituée de grains de sable et de granules agglomérés entre eux et mélangés de minuscules galets arrondis. Sans doute un reste du passage de l'eau…

Empreinte de Spirit (35 cm de large) sur la dune Serpent, près du cratère Bonneville, révélant des sédiments très sombres. (MER)

◄ Au site d'Opportunity, fines plaques verticales, dites en « lames de rasoir », de quelques cm de hauteur. En fait, des résidus de minéraux déposés dans les fractures de roches aujourd'hui disparues. La surface est parsemée de sphérules millimétriques formées dans l'eau autrefois (MER). En dessous : Au microscope de Spirit, détail large de 3 cm du rebord de l'empreinte (cf. p. 42) sur la dune Serpent (MER)

Double page suivante. À l'arrière-plan, les affleurements rocheux entourant la moitié du cratère Eagle, où demeure l'atterrisseur technique. Au premier plan, les instruments scientifiques d'analyse des roches au bout du bras robotique d'Opportunity. (MER)

Opportunity, ou comment réinventer l'eau tiède

Au site d'Opportunity, Terra Meridiani (nommé aussi « Hématite »), se trouvent des gisements d'hématite (Fe_2O_3). Ce minéral gris se forme lorsque l'eau tiède traverse des roches contenant du fer, le dissout, et l'entraîne au loin là où il se précipite en larges dépôts.

Un dôme, situé dans Arabia Terra à l'opposé du plateau de Tharsis, s'est créé voici 3,5 milliards d'années. Son flanc ouest, sur lequel est situé Terra Meridiani, s'est trouvé complètement dénudé par l'eau coulant vers le bassin de Chryse Planitia. Les dépôts d'hématite sont contemporains de ce vaste lessivage des sols : la région est très plate avec des cratères fortement érodés. Quelques autres gisements d'hématite existent : dans Valles Marineris, Aram Chaos et Margaritifer Chaos.

Opportunity s'est posée dans un cratère large de 22 m et profond de 3 m. On y voit des substrats rocheux, laissant apparaître des couches sédimentaires. Le paysage est très plat avec un cratère (Endurance), large de 130 m et situé à 720 m. La surface est constituée de petits grains fins sur lesquels se trouvent posées de minuscules sphérules d'hématite d'un à deux millimètres de large (« myrtilles »). Elles se sont formées dans un lac salé de faible profondeur grâce au dépôt progressif de minéraux. Des conditions de chaleur et d'humidité, favorables au développement d'une chimie prébiotique ou même de la vie elle-même, ont existé ici. Des traces fossiles s'y trouvent-elles encore ?

FEU

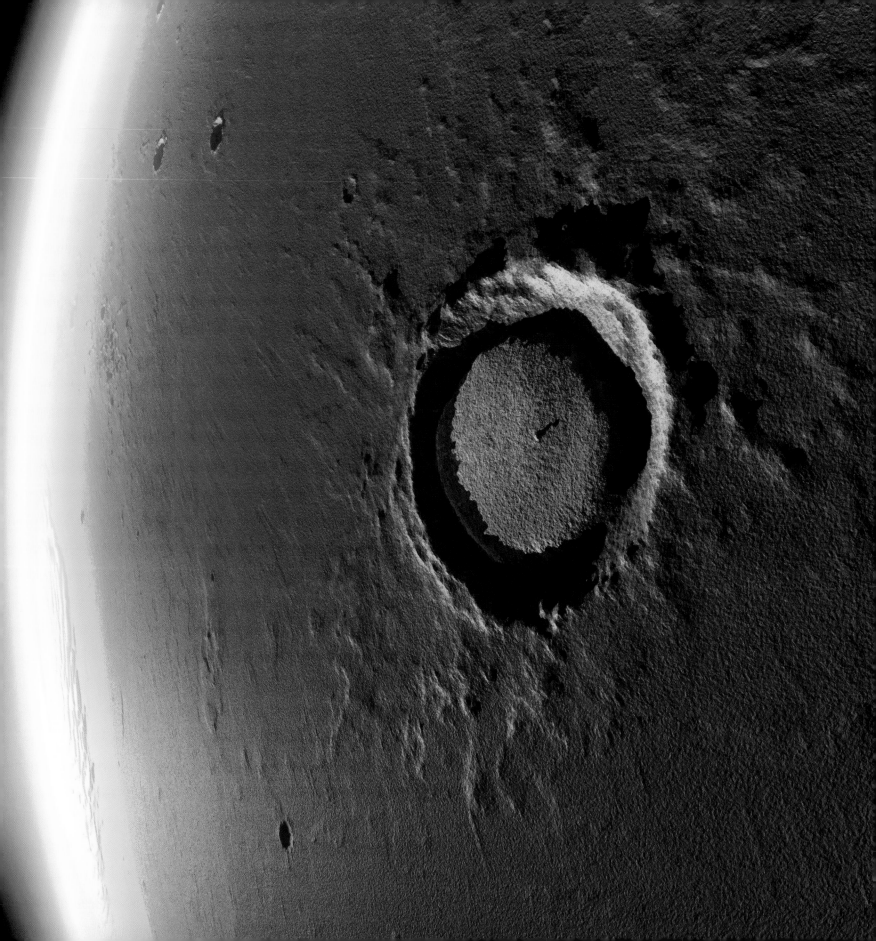

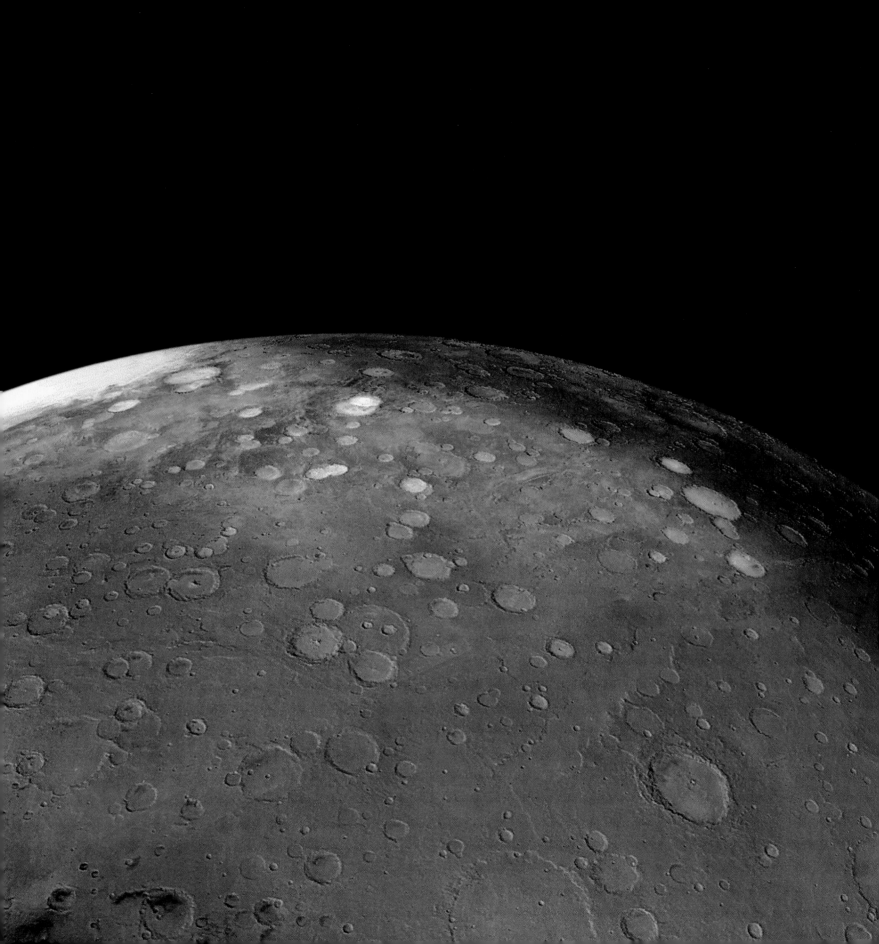

MARS EST UNE PLANÈTE DE RÊVE POUR LES GÉOLOGUES. CE PETIT MONDE NOUS A FAIT BEAUCOUP PROGRESSER DANS TOUS LES DOMAINES QUI Y SONT LIÉS : STRATIGRAPHIE, CARTOGRAPHIE, GÉOMORPHOLOGIE... SANS OUBLIER L'EXOBIOLOGIE QUI TENTE DE PERCER LES MYSTÈRES DE L'APPARITION DE LA VIE. MARS SE RÉVÈLE À NOUS COMME UNE PLANÈTE PLEINE DE PARADOXES. D'UN CÔTÉ, ELLE RESSEMBLE À LA LUNE. DE L'AUTRE, ON DIRAIT UNE PETITE TERRE VOLCANIQUE ET FRACTURÉE. CETTE NATURE AMBIGUË, LA PLANÈTE ROUGE LA DOIT EN PARTIE À SA POSITION ORBITALE ET À SA TAILLE QUI ONT FORTE-MENT CONDITIONNÉ SON ÉVOLUTION. POURTANT SA JEUNESSE A ÉTÉ BEAU-COUP PLUS TUMULTUEUSE QUE CELLE DE LA LUNE. DU COMBAT DU FEU CONTRE L'EAU, LA VIE EST PEUT-ÊTRE APPARUE SUR TERRE. ET SUR MARS ?

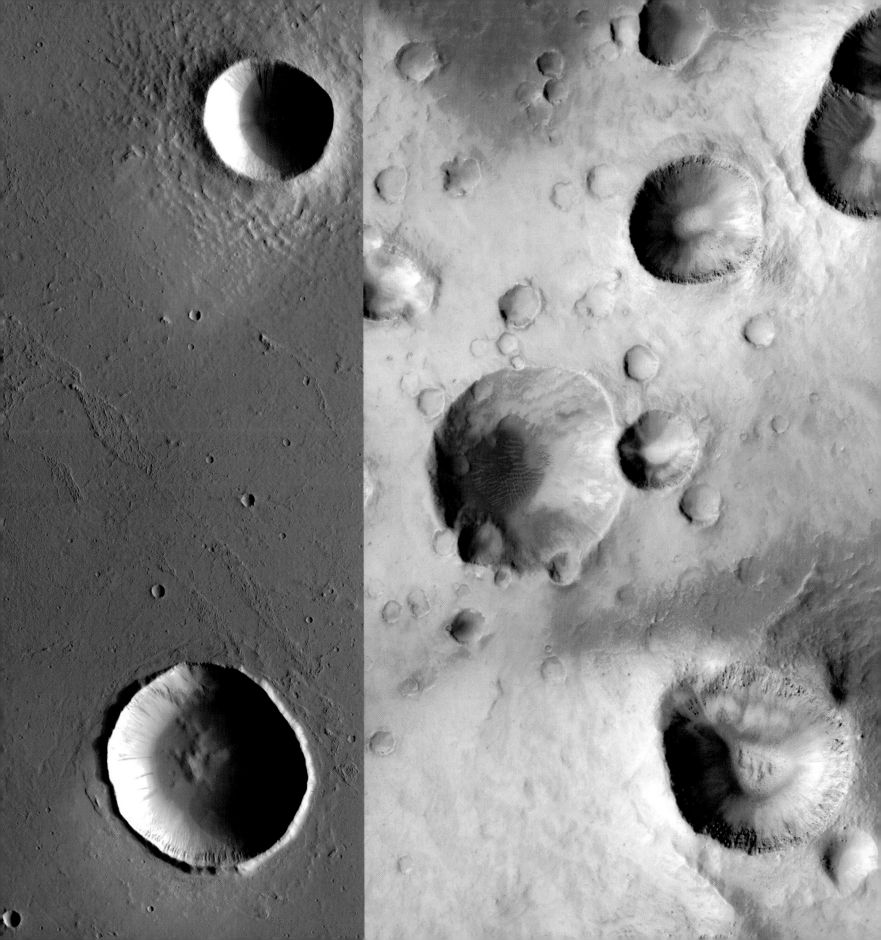

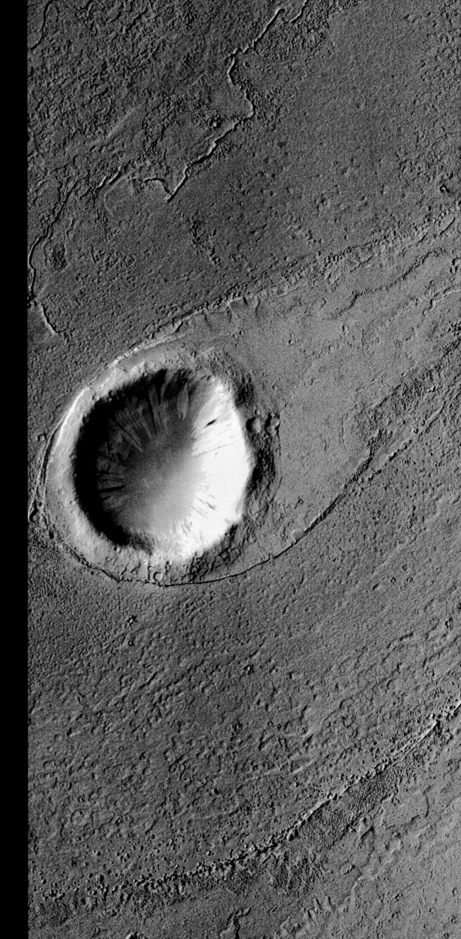

pp. 46-47. Le cratère Korolev (71° N, 195° O), large de 80 km et vu au Soleil de minuit. Son fond est rempli de glace. À l'horizon, la calotte polaire Nord. (MOLA)

pp. 48-49. L'hémisphère Sud très cratérisé. À gauche, vu par la tranche, le grand bassin Hellas, encore recouvert du givre hivernal. (USGS)

◄◄ Deux cratères de 4 et 6 km de diamètre, par 21° N et 161° O. Les vents martiens ont soufflé des sédiments dans leur sillage. (MOC)
◄ Petits cratères aux fonds poussiéreux dans Arabia Terra, par 30° N et 14° O. Au centre, le plus grand fait 1 km de diamètre. (MOC)

Cratère large de 1 200 m dans Marte Vallis, par 19° N et 175° O. Les terrains sont érodés en forme d'île par les inondations. (MOC) ►

Des cratères comme sur la Lune

Au début de son histoire, comme d'ailleurs partout dans le système solaire, la planète rouge connaît une période intense de bombardements météoritiques. Mars ressemble donc beaucoup à la Lune. Vus d'orbite, les cratères martiens possèdent des remparts adoucis par des milliards d'années d'érosion et sont de plusieurs genres. Il y a d'abord ceux qui ont été formés par un choc sur un sol gelé : l'impact a soudainement réchauffé ces terrains qui se sont liquéfiés de part et d'autre. Les éjectats de boues ont alors gelé sur place, donnant l'impression d'un grand « splash » (cratères dits à « éjectats lobés »). D'autres cratères ne se distinguent que par leur base arrondie, comprimée par la force de l'impact, qui est demeurée intacte au milieu de terrains plus meubles érodés au fil du temps (« pedestal crater »). Enfin, certains cratères témoignent d'un passé plus actif : ils ont vu leurs flancs soudainement arrachés par un fort courant d'eau et de boues. Les éléments ont alors raviné les terrains meubles tout autour. Mais les sols très comprimés par la force de l'impact ont bien résisté à la force du courant. Ne subsiste alors que le creux du cratère lui-même, situé en tête de proue d'une île de sédiments étirée vers l'arrière en forme de goutte.

Des volcans géants

Sur Mars, les volcans sont énormes, car la croûte s'est vite rigidifiée après la naissance de la planète : la lave a toujours percé aux mêmes endroits. Ces volcans sont de type hawaïen, pentus de 2° à 5° seulement : un astronaute aurait du mal à trouver le sommet !

Deux grandes régions volcaniques prédominent : Elysium, avec son grand volcan – Elysium Mons (14 100 m d'altitude) –, et Tharsis, un gigantesque bombement de la croûte soulevée par la montée du magma.

Tharsis porte quatre volcans géants. Le plus grand, Olympus Mons, est large de 550 km et culmine à 21 300 m au-dessus de Mars, si haut qu'on le voit souvent entouré de nuages. Au nord-ouest, l'escarpement fait 5 km de hauteur et se prolonge par une vaste auréole de terrains chaotiques : les restes de l'effondrement de ses flancs. Les trois autres volcans, alignés entre eux, ont peut-être poussé sur une faille : Ascraeus Mons (18 200 m), Pavonis Mons (14 100 m) et Arsia Mons (17 800 m). Arsia Mons et Olympus Mons auraient encore été très actifs voici 200 millions d'années... à l'époque où les dinosaures marchaient sur Terre ! D'autres volcans, plus anciens, parsèment l'hémisphère Sud. Il n'en reste aujourd'hui que des reliefs adoucis.

Le plateau de Tharsis est sans doute né grâce au gigantesque impact qui créa le vaste bassin d'Hellas Planitia et qui initia aux antipodes un fort mouvement de convection dans le manteau pâteux de la planète.

Olympus Mons vu du nord-ouest. Le plus grand volcan du système solaire culmine à 21 300 m. (MOLA)

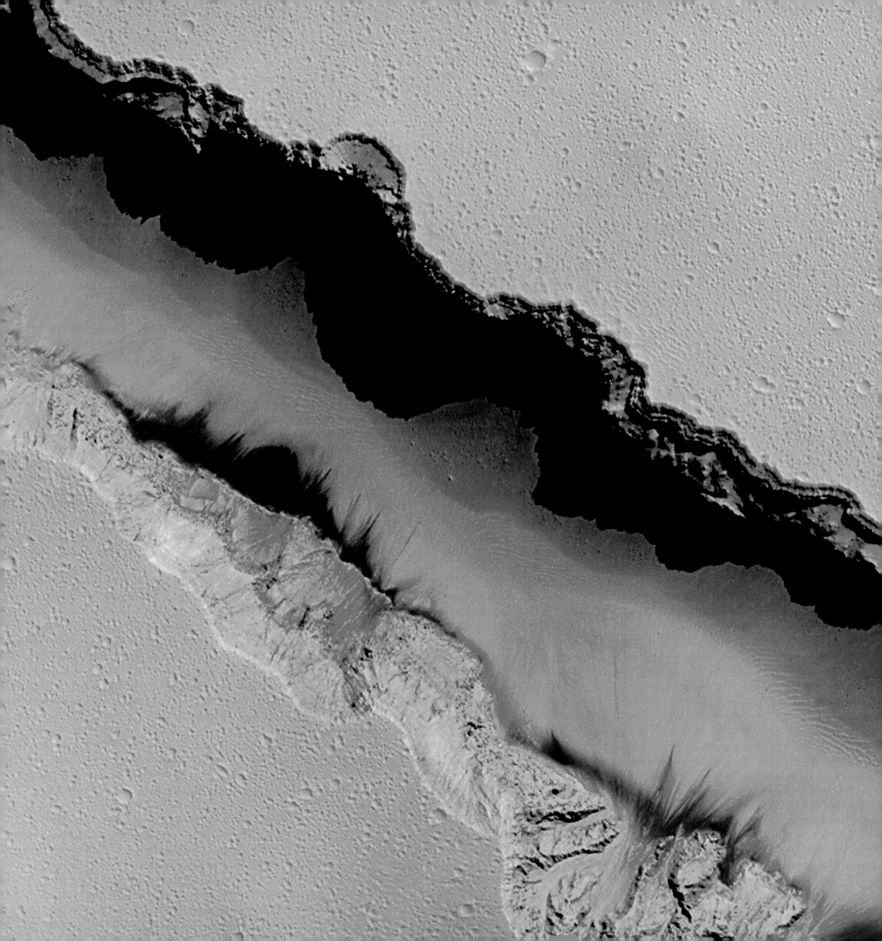

e nombreuses failles incisent la surface de Mars. Sur le
ateau de Tharsis, par exemple, le bombement s'est tra-
it par une extension de la croûte qui a levé, un peu
mme celle d'un gâteau au four. Des fossés d'effondre-
ent se sont ainsi créés. En revanche, là où la croûte s'est
mprimée sous l'effet de forces internes, de petites col-
es longitudinales (dites aussi « rides »), épousant toute la
ngueur de la compression, se sont formées. Mais les
us spectaculaires des failles sont sans doute celles
s plaines de Cerberus au sud-est des volcans d'Elysium.
e ses fractures partent deux vallées d'inondations :
habasca Vallis vers l'ouest et Marte Vallis vers l'est.
anciens cratères ont vu leurs flancs profondément éro-
s, voire arrachés, par la force du courant.

n pense que les événements qui sculptèrent la région sont
s jeunes, datant peut-être de moins de dix millions d'an-
es ! La lave issue des profondeurs a fait fondre en sous-
l d'énormes quantités de terrains gelés. L'eau a formé de
gantesques nappes phréatiques avant de jaillir soudaine-
ent par les failles. C'est au moins un million de m³ d'eau
r seconde qui se sont déversés vers l'ouest pour former
habasca Vallis. Ils ont ensuite creusé la surface sur une
nquantaine de mètres d'épaisseur. On pense que l'eau a
é entièrement absorbée par de vastes champs de laves
oreuses en contrebas. Le réseau de failles de Cerberus est

donc très actif encore aujourd'hui. Il est moitié moins long
que ne l'est Valles Marineris, mais peut-être assistons-nous
à la naissance d'un autre grand canyon. Dans un milliard
d'années, on contemplera peut-être ici un enchevêtrement
de canyons, long de plus de 1 000 km et large par endroits
d'une centaine de kilomètres.

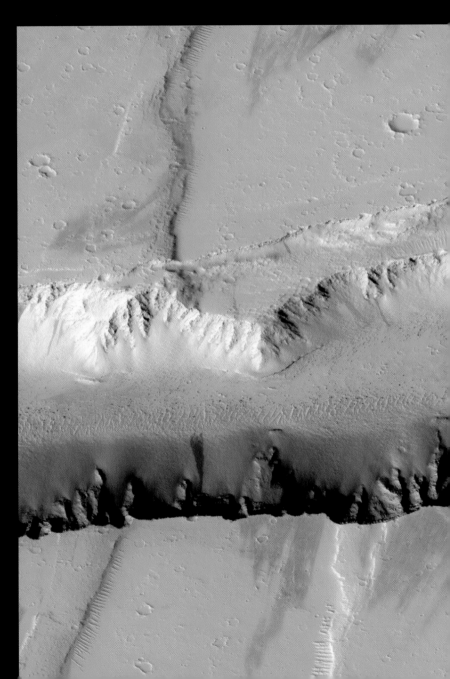

Faille de Cerberus Rupes dans Elysium, par 9° N et 198° O. Elle fait 1 km de large et
0 m de profondeur par endroits. (MOC)

sé d'effondrement (par 22° N et 104° O) large de 1,7 km, à l'ouest du volcan Cerau-
s, sur le plateau de Tharsis. (MOC) ▶

uble page suivante. Le canyon géant Valles Marineris. Dans Coprates Chasma (à droite),
étire encore sur des milliers de km vers l'est. (MOLA)

◀ Vue vers l'ouest de Valles Marineris. Un dénivelé de 9 000 m sépare le plateau du fond du canyon. (MOLA)

Falaise dans Hebes Chasma (Valles Marineris), par 2° S et 74° O. L'empilement des couches géologiques est bien visible. (MOC) ▶

Double page suivante. Par -5 600 m d'altitude, au plus profond de Coprates dans Valles Marineris. La falaise à gauche est à 45 km et nous domine de près de 8 000 m. (MOLA)

Le canyon Valles Marineris

Le plus beau site naturel de Mars est sans conteste son gigantesque canyon Valles Marineris. Long de 5 000 km, large de 120 km, profond de 11 km par endroits, il s'est formé à l'est de Tharsis, suite à la poussée de la croûte qui s'est fracturée sous l'énorme pression venue de l'intérieur de la planète. Valles Marineris a ensuite été remodelé par l'érosion et ses versants offrent les traces de spectaculaires avalanches de pierres et de sédiments. Sa naissance s'explique aussi par une extrusion massive de magma le long de failles créées à l'est par le bombement de Tharsis. En sortant, il fit fondre des terrains gorgés de glace. Ces gigantesques éruptions de cendres et de boues ont ensuite fait effondrer les reliefs qui se sont davantage creusés lorsque l'eau s'est évacuée. Ainsi est née une succession de canyons en enfilade. Parfois, au fond, on remarque d'étranges formations sédimentaires striées en mille-feuille : c'est la preuve de l'existence de grands lacs qui remplirent le canyon. Le climat se refroidissant, ils se sont recouverts d'une épaisse croûte de glace. Maintenant ne subsiste qu'une impressionnante série de formations reliées les unes aux autres et balayées par les vents. Valles Marineris est de dimensions si majestueuses qu'un astronaute au beau milieu aurait du mal à réaliser où il se trouve. Seules quelques falaises à l'horizon émergeraient d'une brume poussiéreuse !

Les pierres nous content l'histoire de Mars

Sur Chryse Planitia, autour de Viking 1, les pierres offrent une variété de couleurs. La plupart ont des formes angu- leuses et proviennent des impacts de météorites ayant formé les cratères alentour. Certaines ont été aussi dépo- sées par les inondations d'eau et de boues qui ont autre- fois balayé cette région.

Sur Utopia Planitia, la surface est uniformément cou- verte de pierres d'origine volcanique qui sont moins diversifiées et plus grosses que celles de Chryse Planitia. Elles possèdent des vacuoles, leur donnant

parfois une apparence d'éponge. Ce paysage a été façonné par l'impact qui créa le grand cratère Mie, 180 km à l'est. La couche de débris sur le site est de 3 m d'épaisseur.

Ares Vallis est la zone la plus caillouteuse : 16 % du site est tapissé de blocs de 3 cm de large (contre 6 % et 14 % pour ceux de Viking 1 et Viking 2). Face à la sonde Pathfinder, dans Rock Garden, c'est près de 25 % de la surface qui est recouverte de roches. De nombreux blocs angulaires pro- viennent du sous-sol, jetés là par les impacts des cratères

Au site de Spirit, dans le cratère Gusev, seul 1 % de la surface est couverte de cailloux de plus d'un cm de large et certains sont enfouis en partie dans les sédiments. De minuscules galets (4 cm de large) y témoignent du passage de l'eau. La plupart des roches sont des basaltes. Mais grâce au microscope embarqué sur Spirit, on a pu voir sur une roche volcanique (Humphrey, haute de 60 cm) des sortes de minéraux brillants cristallisés dans les fentes : ils ont été déposés par l'eau qui a pénétré la roche.

Au site d'Opportunity, sur Meridiani Planum, on distingue comme de larges substrats rocheux, hauts de 15 cm, qui entourent la moitié du cratère où la sonde s'est posée. Ces roches sont stratifiées et très plates : il s'agit d'affleurements dépassant d'une couche sédimentaire. L'analyse de la roche El Capitan a permis de découvrir qu'elle était faite de silicates avec la présence en son sein de sulfates de magnésium et de sulfates de fer, comme la

▲ Détail au microscope d'Opportunity de la roche Robert E. De grosses sphérules de quelques milimètres y restent encore accrochées. (MER)

Viking 1, 15 h 15. La surface est parsemée de pierres. Au premier plan à droite, la roche Dutch Shoe, large de 35 cm. (Viking) ▶

Double page suivante. Viking 2, 6 h 50 sur Utopia Planitia. Le paysage, plat mais déformé par l'inclinaison de la sonde, est recouvert de pierres alvéolées. Au milieu, le bras de la station météo. (Viking)

jarosite qui se forme par l'interaction de l'eau, du soufre et du fer. La roche Guadalupe inclut, quant à elle, jusqu'à 40 % de sels minéraux. Ces affleurements sont des roches sédimentaires, formées au fond d'un vaste lac salé de faible profondeur grâce au dépôt progressif d'éléments en suspension dans l'eau. Le niveau du lac a varié, permettant aux vents d'ajouter une couche de poussières, avant que l'eau ne revienne y déposer d'autres sédiments. En s'évaporant lentement par la suite, les sels se sont concentrés dans la matrice des roches.

EAU

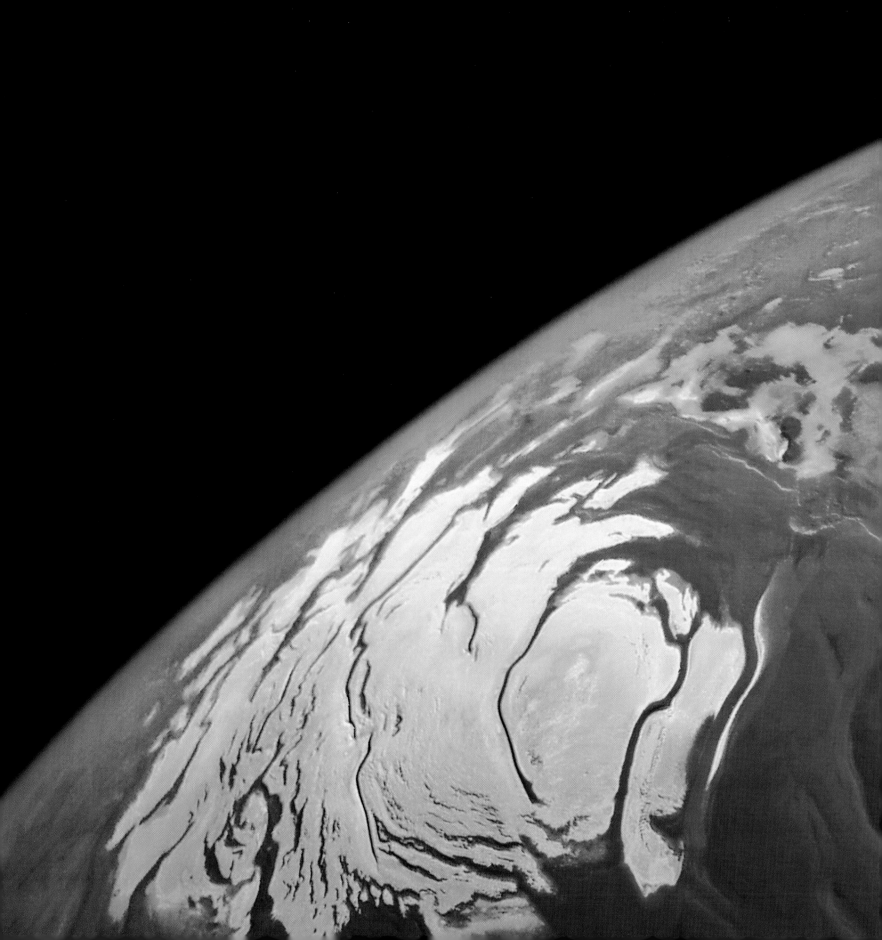

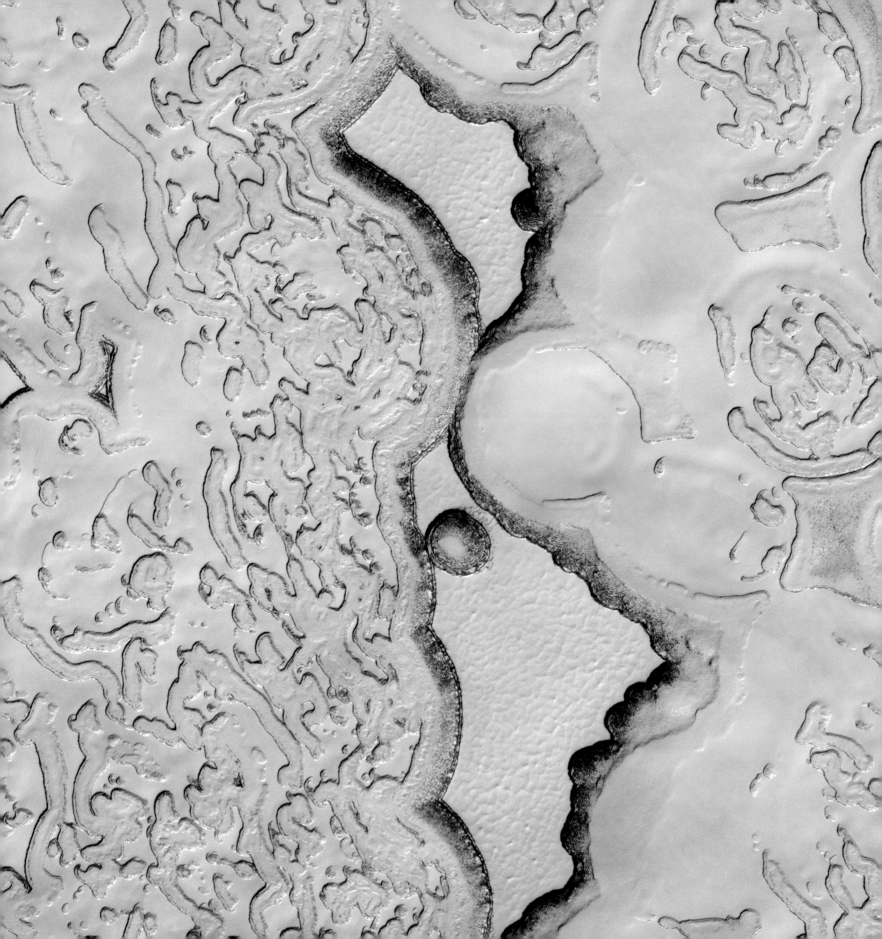

SUR TERRE, À LA PRESSION DE 1 000 MILLIBARS AU NIVEAU DE LA MER, L'EAU EST SOLIDE (GLACE), LIQUIDE ENTRE 0 °C ET 100 °C, PUIS DEVIENT VAPEUR. EN ALTITUDE, QUAND LA PRESSION ATMOSPHÉRIQUE DIMINUE, LA TEMPÉRATURE OÙ ELLE BOUT S'ABAISSE AUSSI. LE « POINT TRIPLE » DE L'EAU – COMBINAISON OÙ L'EAU EST À LA FOIS SOLIDE, LIQUIDE ET GAZEUSE – EST À 0,01 °C SOUS UNE PRESSION DE 6,1 MILLIBARS... 6,1 MILLIBARS, C'EST JUSTEMENT LA PRESSION RÉGNANT SUR MARS. ET IL FAIT TOUJOURS TRÈS FROID (-63 °C EN MOYENNE). AU-DESSUS DE 0 °C, L'EAU PASSE INSTANTANÉMENT DE L'ÉTAT SOLIDE À L'ÉTAT GAZEUX SANS PASSER PAR L'ÉTAT LIQUIDE. MARS EST AINSI BLOQUÉE DANS UN « PIÈGE À FROID ». MÊME SI LA PRESSION ÉTAIT SUPÉRIEURE, LE CO_2 DE L'AIR SE DISSOUDRAIT VITE DANS L'EAU POUR FORMER DES CARBONATES. CECI RÉDUIRAIT D'AUTANT LE VOLUME DE CO_2 ATMOSPHÉRIQUE : LA PRESSION REDESCENDRAIT VITE SOUS CE FAMEUX « POINT TRIPLE »

Des pôles faits de glace d'eau

L'expansion et la récession des calottes polaires de Mars suivant les saisons sont connues depuis longtemps. À chaque pôle, il ne reste l'été qu'une petite calotte résiduelle de glace d'eau contenant l'équivalent de 85 % de la glace présente au Groënland. Des vallées les entaillent profondément, avec des couches horizontales, épaisses parfois de quelques dizaines de centimètres.

Du fait de l'excentricité de l'orbite de Mars autour du Soleil, l'hiver austral dure 24 jours martiens ou « sols » (un sol équivaut à 24 h 37 min) de plus que dans l'hémisphère Nord. 25 % de l'atmosphère martienne se condense alors au pôle Sud en glace carbonique, diminuant de 37 % la pression sur toute la planète. S'est ainsi constitué un vaste réservoir de CO_2 gelé dans la calotte australe. Au pôle Nord, l'hiver, les températures peuvent atteindre

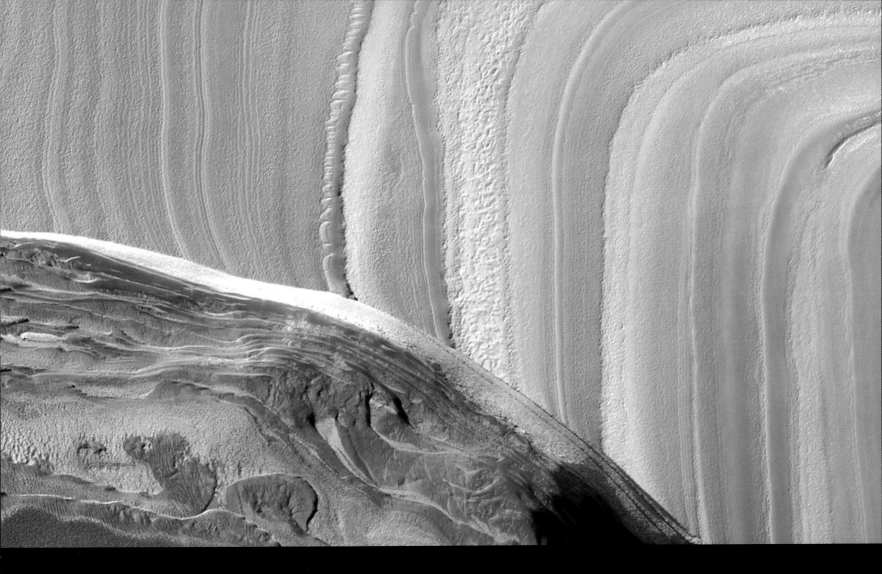

-140 °C. Dès -125 °C, des couches de 1,50 m d'épaisseur de glace carbonique se forment. Mais la calotte Nord ne culmine qu'à -1 900 m d'altitude. L'été, l'air y reste plus dense avec des températures plus élevées : le CO_2 gelé se sublime : ne subsiste qu'une calotte de glace d'eau, large de 1 200 km et épaisse de 3 km.

Au pôle Sud, la calotte visible témoigne mal des énormes quantités de glace enfouies tout autour. L'hiver, se forme

▲ Vue de 10 km de large (84° N et 239° O) montrant des falaises de glace d'eau hautes de 300 m, reposant sur des terrains gelés. (MOC)

pp. 68-69. La calotte polaire Sud l'été. Seule subsiste la glace d'eau recouverte d'une mince pellicule de glace carbonique. (MOC)

p. 70. Mesa de glace carbonique de 2 800 m de long par 86° S et 358° O. L'érosion révèle l'alternance de couches de glace et de poussières sur ses pentes hautes de 10 m environ. (MOC)

ne épaisseur de 90 cm de glace carbonique. Mais la calotte australe se trouve à 4 800 m *au-dessus* du niveau moyen de la planète : l'été, la pression atmosphérique y reste très faible (4 millibars en moyenne) avec des températures plus fraîches. La croûte de CO_2 gelé ne disparaît jamais. Malheureusement, on ne pourrait y skier, car les particules de glace carbonique accrochent sous les skis !

Ces couches de sédiments et de glace témoignent des cycles climatiques. Tous les 95 000 ans, la distance de Mars au Soleil varie jusqu'à 12 %. La planète subit aussi une orientation cyclique (précession), d'une durée de 51 000 ans, de ses pôles vers les étoiles, qui commande leur orientation aux solstices. Ces deux variations créent une alternance de climats tous les 20 000 ans. Se rajoute la variation incontrôlable de l'axe de rotation de Mars en élévation (l'obliquité). Incliné de 25,2°, il marque des saisons comme sur Terre. Si la Lune stabilise à long terme l'obliquité terrestre (23,45°), rien ne vient stabiliser celle de Mars. Elle bascule ainsi de 30° tous les 100 000 ans. Avant notre ère, l'obliquité a varié de 5° (atmosphère calme et larges calottes polaires) à 48° (atmosphère active et glace présente à l'équateur mais pas aux pôles). Les calottes d'aujourd'hui sont donc une exception, n'ayant probablement existé que pendant des périodes ne dépassant pas quelques centaines de milliers d'années à chaque fois.

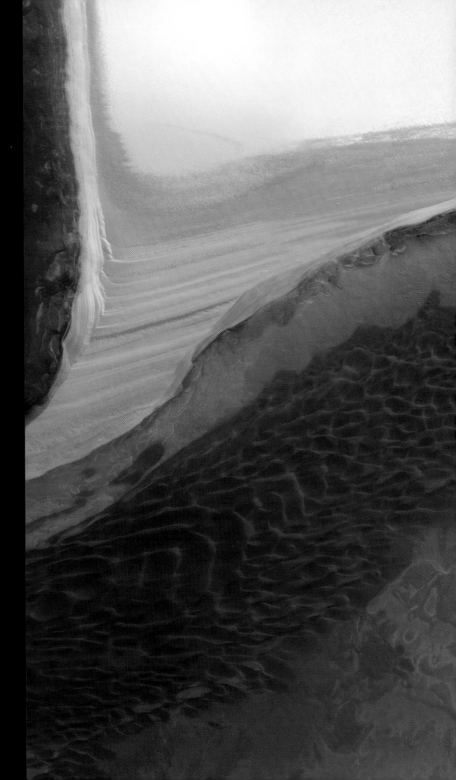

◄◄ Au pôle Nord, par 84° N et 237° O, section de falaise de glace, large de 3,5 km. Les pentes sont supérieures à 35°. (MOC)
◄ Au pôle Nord, alternance de glace et de poussières sur 1 700 m de large (86° N et 279° O), témoignant des changements de climats. (MOC)

Falaises de glace d'eau en promontoire au pôle Nord, bordées de dunes, par 84° N et

Des formations étranges
jamais vues sur Terre

Aux pôles martiens se trouvent des formations inhabituelles, inconnues sur Terre et créées par des conditions climatiques extrêmes subies au fil du temps.

La calotte boréale est entaillée par des falaises de glace d'eau, hautes parfois de plus de 300 m, qui reposent sur un plateau constitué d'un mille-feuille de terrains gelés aux couches épaisses d'une trentaine de mètres. L'été, la sublimation rapide de la glace (5 mm/an) explique les pentes abruptes (40°) sur ces falaises datant de quelques

dizaines de milliers d'années. Mais c'est la calotte australe qui abrite surtout les bizarreries de la glace carbonique. L'hiver, le CO_2 atmosphérique gèle par -125 °C sur une surface encore chaude, entraînant de petits grains de poussière (2 microns) en suspension. Se forment alors des plaques de givre à la surface rêche : au contact du sol chaud, des poches de gaz carbonique se créent sous la glace. Au printemps, le Soleil vient réchauffer les grains de poussière ; créant de petits trous, ils descendent au fond de

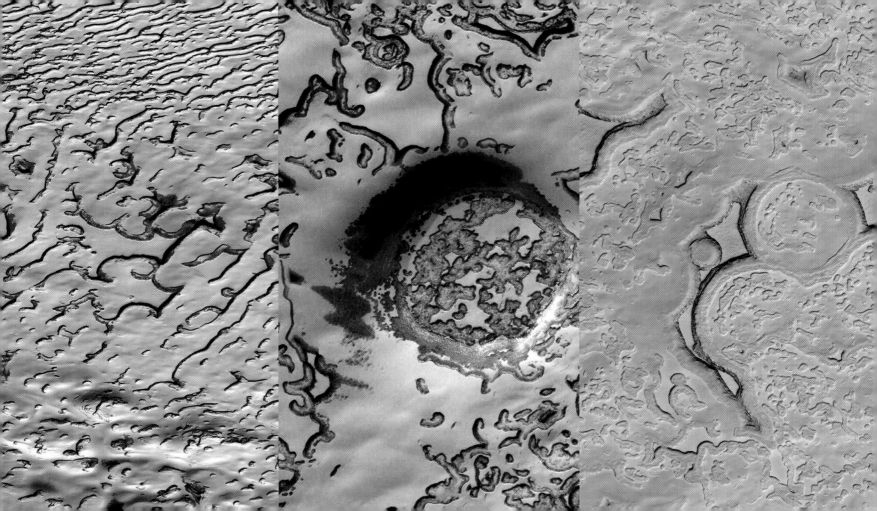

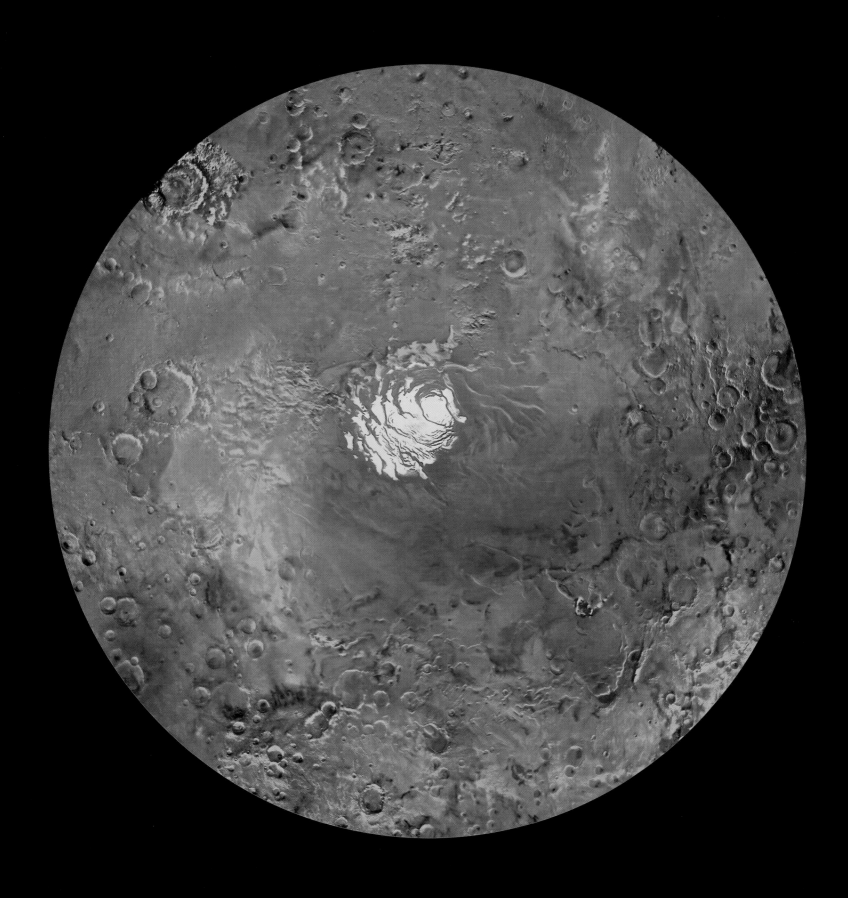

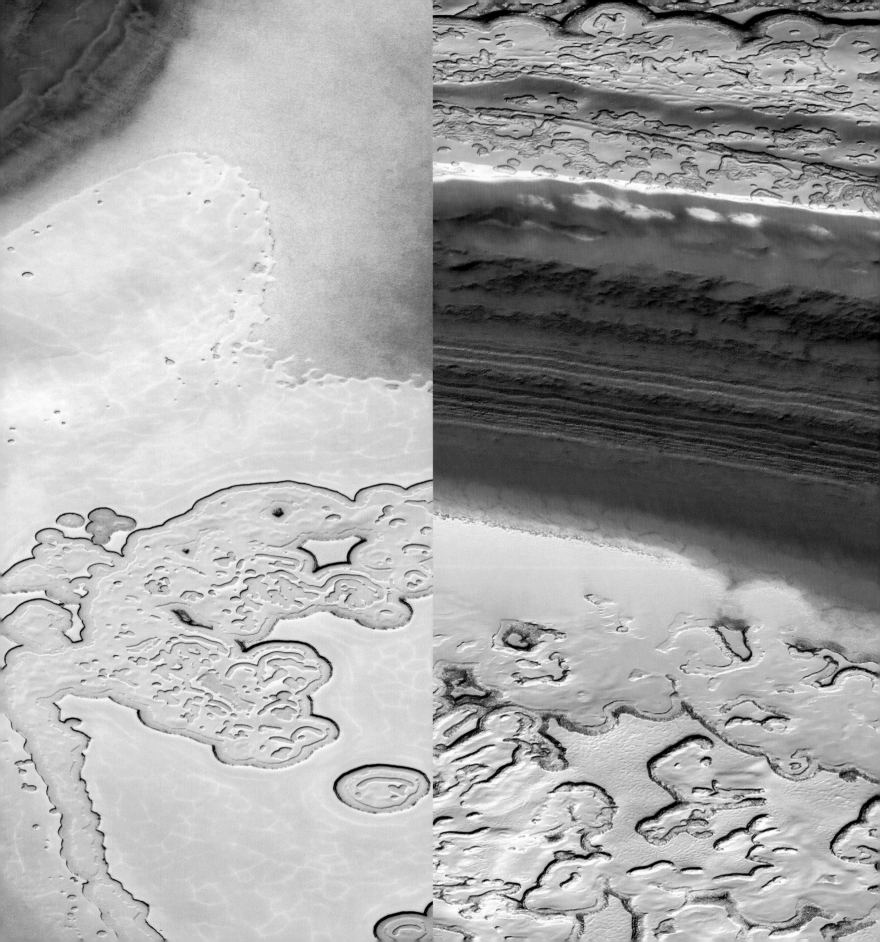

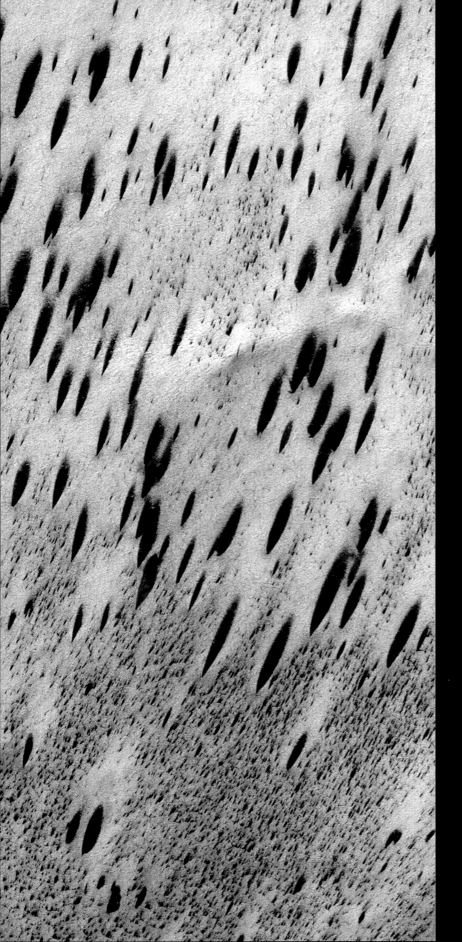

manière de racines. Poussent alors les spectaculaires « buissons ». Lorsque les conduits sont noircis, on les nomme « araignées noires ». Si les gaz et les poussières se diffusent doucement, de petites taches noires apparaissent : les « taches de dalmatien ». Parfois, elles se transforment en « œufs frits » en s'entourant d'une auréole plus claire.

Au contraire, les formations en « gruyère » sont des trous dans la glace carbonique. Elles sont parfois en forme de cœur et larges de 100 m, ou plus circulaires et de 2 km de large. Profondes de 10 m, leurs parois alternent glace et poussières. Au fond, apparaît la glace d'eau. D'une année martienne sur l'autre, les dépressions s'élargissent de 50 à 250 cm. En calculant à rebours leur date de naissance, certaines ont 400 ans d'existence (213 ans martiens) et d'autres 15 ans (8 ans martiens). Le fait initiateur ? Peut-être un réchauffement anormal dû à un dépôt accéléré de poussières lors d'une grande tempête historique. Cette fine couche superficielle ne représente que 5 % du volume total du CO_2 atmosphérique. Mais lorsque, au gré des cycles climatiques, disparaît totalement la calotte, vrai mille-feuille de glaces carbonique et d'eau, ses gaz augmentent fortement la pression atmosphérique.

Des arbres au pôle Sud. La vie sur Mars ? En fait, il s'agit d'illusions d'optique ! (MOC)

Ci-dessous: des trous alignés comme des haies (sur 2 200 m de large par 33°S et 45°O) créés par des poussières trouant la glace carbonique.

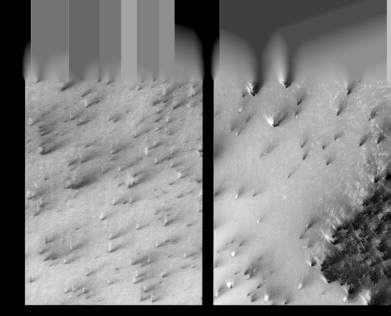

Ci-dessus : de petites fractures longitudinales en forme d'arbres ayan laissé s'échapper du CO_2 sous pression et des poussières poussées pa les vents (à gauche, sur 3 km de large par 84°S et 238°O ; à droite, su 2,5 km par 85°S et 238°O).

Ci-dessous : des conduits de CO_2 ressemblant à des buissons de 500 m de large (par 82°S et 294°O).

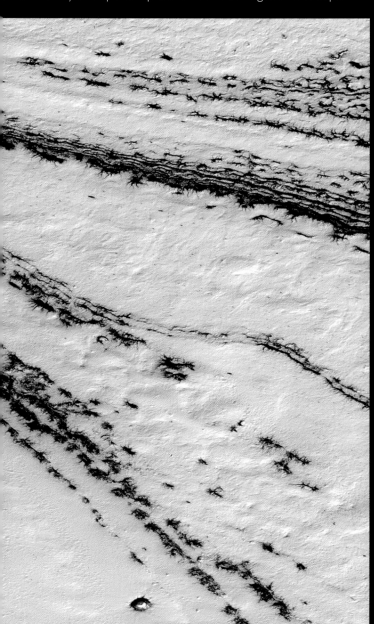

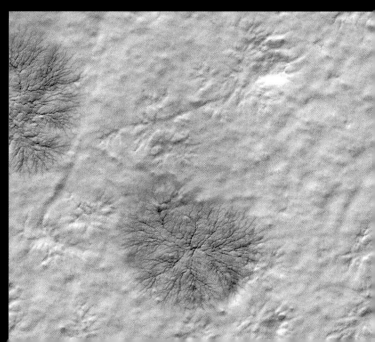

Les témoins de l'humidité de l'air

L'atmosphère de Mars est généralement saturée d'humidité la nuit au moment où il fait le plus froid. Autour de la calotte polaire Nord, l'air est toujours saturé de vapeur d'eau. Si toute cette humidité se condensait à la surface, elle formerait jusqu'à 50 microns d'épaisseur d'eau : c'est peu à l'échelle de la Terre, mais beaucoup pour Mars !

La vapeur d'eau semble également répartie de façon homogène dans l'atmosphère jusqu'à 10 km d'altitude. L'hiver, on voit le givre recouvrir la surface dans les régions boréale et australe.
L'atterrisseur Viking 2 a ainsi observé pendant deux hivers martiens consécutifs l'apparition puis la disparition

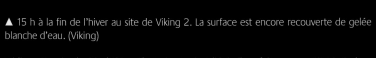 15 h à la fin de l'hiver au site de Viking 2. La surface est encore recouverte de gelée blanche d'eau. (Viking)

Midi sur Utopia Planitia (Viking 2). En haut, c'est l'été : il ne fait « que » -35 °C. En bas, nous sommes au cœur de l'hiver : il fait -95 °C et la surface est uniformément givrée. (Viking) ▶

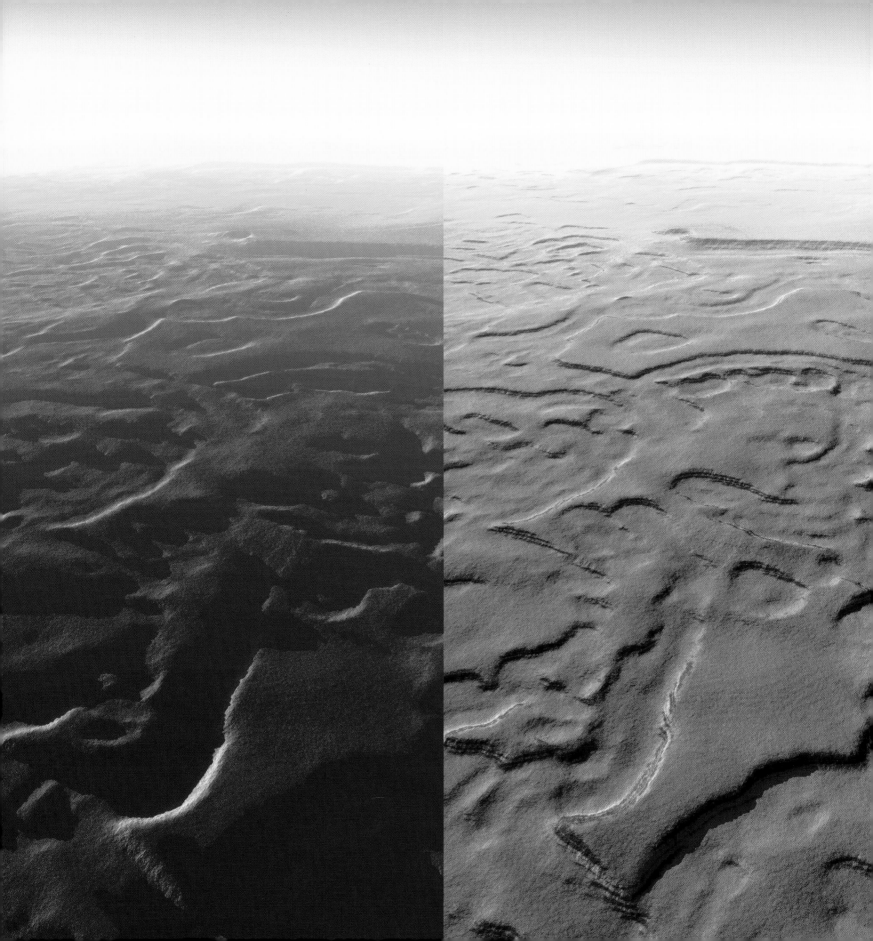

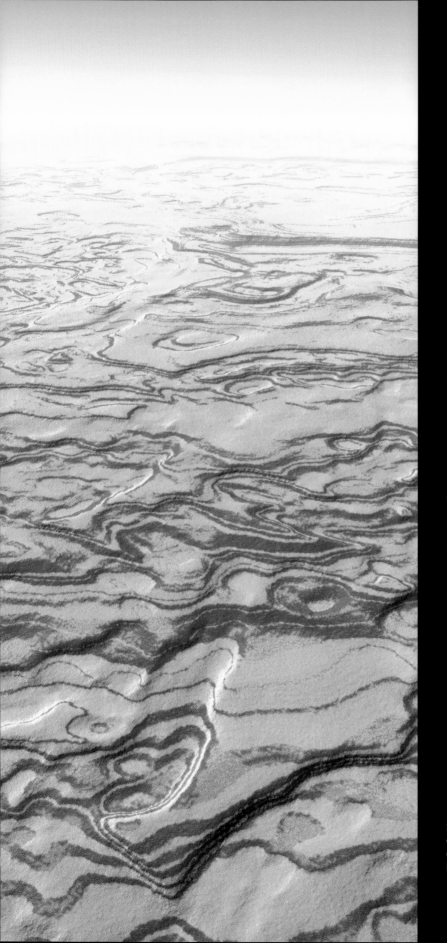

de gelée blanche autour de lui. Le phénomène du dépôt de cette gelée blanche est bien connu : la vapeur d'eau utilise comme vecteur les particules de poussières, qu'elle givre en altitude. Dans les régions boréales, il fait suffisamment froid pour que ces grains s'entourent d'une pellicule supplémentaire de glace carbonique. Alourdis, ils se déposent la nuit à la surface ; puis le Soleil matinal les réchauffe. La glace carbonique se sublime dans l'atmosphère, abandonnant au sol les poussières et la gelée blanche d'eau. Quand arrive le printemps, c'est au tour de la gelée blanche de disparaître. Après deux hivers rigoureux subis par Viking 2, on s'est aperçu à la fin du printemps que la surface avait changé de couleur grâce aux poussières nouvellement déposées.

Des brouillards ont aussi été observés. Ils se forment, comme sur la Terre, après minuit et se dispersent trois quarts d'heure après le lever du Soleil. Certains matins, on voit le Soleil percer difficilement à travers une épaisse couche de brume. On a même aperçu, au petit matin près de l'équateur, de la gelée blanche se sublimer au fond de cratères sous les rayons du Soleil levant pour former un épais brouillard.

Sublimation de la neige carbonique au pôle Sud. À gauche, c'est l'hiver et la surface est entièrement recouverte de CO_2 gelé. Au milieu, le printemps pointe : les pentes des dépressions se dégivrent. À droite, à la fin du printemps, la glace carbonique a disparu, laissant des terrasses de sédiments gelés. (USGS/MOLA)

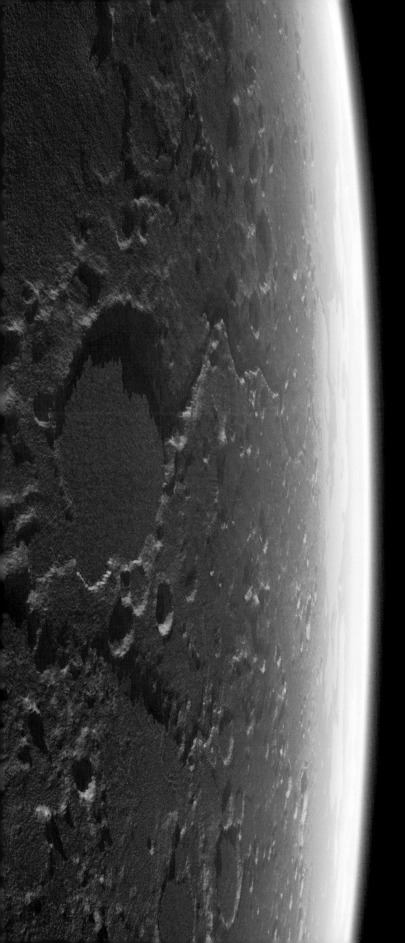

Des millions de lacs et une mer boréale !

Il y a 4,5 milliards d'années, Mars regorgeait d'eau. S'ensuivit une période chaude qui a duré 700 millions d'années. Au début, les impacts d'astéroïdes influençaient le climat : l'eau se mettait à bouillir, jaillissant pour former de vastes lacs. Pendant quelques centaines d'années, la planète ressemblait au Grand Nord canadien au printemps : des paysages ponctués d'une myriade de lacs. Tout gelait ensuite jusqu'à l'impact suivant. Puis, la naissance du grand plateau de Tharsis, voici 4 milliards d'années a lâché dans l'atmosphère d'énormes quantités de CO_2 et de vapeur. De quoi recouvrir toute la planète d'une mer épaisse de 120 m ! Il pleuvait abondamment. Toute l'eau ruisselait et érodait massivement les terrains. Un très vaste océan naquit, profond de 5 km par endroits, recouvrant l'hémisphère Nord ainsi que les bassins d'Argyre et d'Hellas au sud. On pense maintenant que l'eau qui coula sur Mars était modérément acide. Cette eau dissolvait les roches et empêchait la formation de carbonates. Après évaporation, restaient les sels minéraux, comme les sulfates de magnésium, très abondants au site d'Opportunity sur Meridiani Planum. La vie aurait-elle pu évoluer dans cet environnement ? Oui : on connaît des endroits sur Terre où une riche biosphère s'épanouit dans de tels milieux…

◀ Le cratère Gusev, voici 3,7 milliards d'années lorsque le chenal Ma'adim Vallis l'a rempli d'eau. Spirit s'y est posée. (MOLA)

Au-dessus du cratère Becquerel (22° N et 8° O) en regardant à l'ouest vers Chryse Planitia : ci-contre, de -4,3 à -3,6 milliards d'années, quand la planète était tempérée avec un vaste océan boréal (à droite). ▶
p. 88 : de -3,6 à -2,9 milliards d'années, lorsque Mars était froide, mais parcourue de chenaux d'inondations (à l'arrière-plan) ayant créé un second océan boréal qui a vite gelé (à droite) ; p. 89 : Mars aujourd'hui. Les anciens océans sont remplacés par de vastes plaines de terrains gelés. (MOLA)

Ensuite la planète s'est vite refroidie. La vapeur d'eau,cassée par les rayonnements solaires, a laissé s'échapper son hydrogène dans l'espace. Mars est devenue le monde froid que nous connaissons. L'eau s'est réfugiée sous forme de terrains gelés. Mais le volcanisme continuait à réchauffer la croûte, entraînant de gigantesques inondations : les grands chenaux martiens étaient nés ! Ces événements, de -3,6 à -2,9 milliards d'années, furent épisodiques. Une vaste mer boréale naquit, toutefois moins étendue que le premier océan. L'eau, salée comme dans nos mers, forma un océan tiède. L'air martien étant alors très froid et sa pression très faible, la mer a d'abord « fumé » : elle s'éva-

porait. De vastes mouvements convectifs firent monter l'eau chaude à la surface, tandis que l'eau froide descendait, répartissant les sédiments en suspension. L'humidité dans l'atmosphère finit par retomber en neige. Dix ans plus tard, une large banquise s'était formée et s'épaississait rapidement. Comme l'océan n'avait pas été liquide assez longtemps et que l'eau était légèrement acide chargée de fer et de souffre dissous, le CO_2 de l'atmosphère n'eut pas le temps de se dissoudre dans l'eau pour former des dépôts de carbonate de calcium. Particularité martienne : la mer gela aussi à partir du fond, car l'eau recouvrit d'anciens terrains gelés, accélérant l'emprise de la banquise.

deur de 2 km. La glace s'est ensuite évaporée sous l'action combinée du Soleil et de l'air sec ambiant. Ce processus de sublimation a duré au plus un million d'années, mais sans vraiment aboutir car la glace a continué d'être recouverte par des sédiments lors des inondations suivantes. Ainsi se sont formés les terrains gelés couvrant les plaines boréales. On estime que c'est l'équivalent de 150 m d'eau répartie partout sur Mars qui a coulé lors des inondations. L'équivalent de 50 m d'épaisseur s'est évaporé et échappé dans l'espace; 30 m sont stockés aux pôles. Mais où sont les 70 m d'eau restants? Ont-ils vraiment disparu?

Non. Grâce aux sondes orbitales, on sait que certaines terres boréales et australes sont tellement gorgées d'eau que l'on doit plutôt parler de glace sale que de terrains gelés! Sous une couche superficielle sèche, la glace peut représenter jusqu'à 80 % de la masse des terrains dans les 50 premiers centimètres de la surface vers 80° Nord. Un astronaute qui remplirait son seau de terrain polaire et qui le chaufferait, le récupérerait rempli d'eau à plus de sa moitié. La mer martienne est enfouie sous nos pieds!

Dans Coprates Chasma (Valles Marineris) il y a 3 milliards d'années, sur un promontoire au bord du plateau (10° S et 68° O). Le fond du canyon est rempli par de grands lacs gelés. (MOLA)

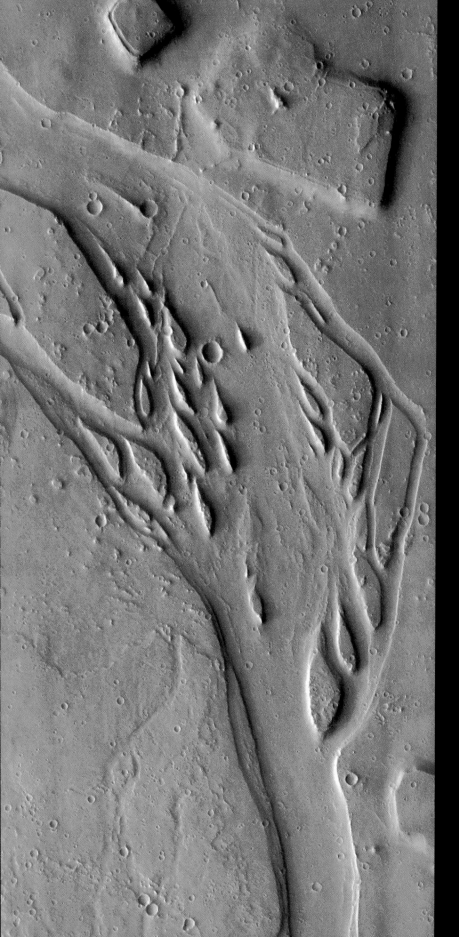

◀ Au sud-ouest du volcan Elysium Mons, par 19°N et 233°O. Chenal d'inondations pa[...] un lâcher d'eau d'une fissure. (Themis)

Vue globale (2900 km de large) de l'ensemble des chenaux, y compris Valles Marineris (e[...] bas) et Kasei Valles (en haut), qui convergent vers le bassin de Chryse (en haut à droite[...] (USGS) ▶

Les fleuves, témoins
d'un climat autrefois favorable

D'orbite, on voit de longues traces sinueuses ayant sculpté[...] le paysage sur des milliers de kilomètres. Ce sont les[...] restes de rivières asséchées (ou «chenaux»). Elles se son[...] formées dans un lointain passé, par vidange catastrophique[...] d'énormes volumes d'eau souterraine. Après l'effondre-[...] ment de la surface, ces écoulements torrentiels de boues[...] ont dévalé les pentes, arrachant tout sur leur passage.

Ainsi, de vastes lacs se sont formés et se sont recouverts[...] de glace après qu'un volcanisme souterrain eut réchauffé[...] des terrains gelés dans Valles Marineris. Lorsque les bar-[...] rages naturels ont cédé, les masses d'eau sont venues[...] inonder le bassin de Chryse en contrebas. Au sud-est des[...] volcans d'Elysium Planitia, on trouve des chenaux très[...] «frais» datant de quelques dizaines de millions d'années[...] seulement. Ici, ce sont 600 km³ d'eau qui ont raviné les[...] paysages en quelques semaines seulement. Tous ces[...] chenaux présentent des cratères aux remparts érodés en[...] forme de goutte. La percolation vers la surface de nappes[...] aquifères a creusé aussi des vallées fluviales, plus petites,[...] qui ont pu mettre jusqu'à des centaines de milliers d'an-[...] nées pour se former.

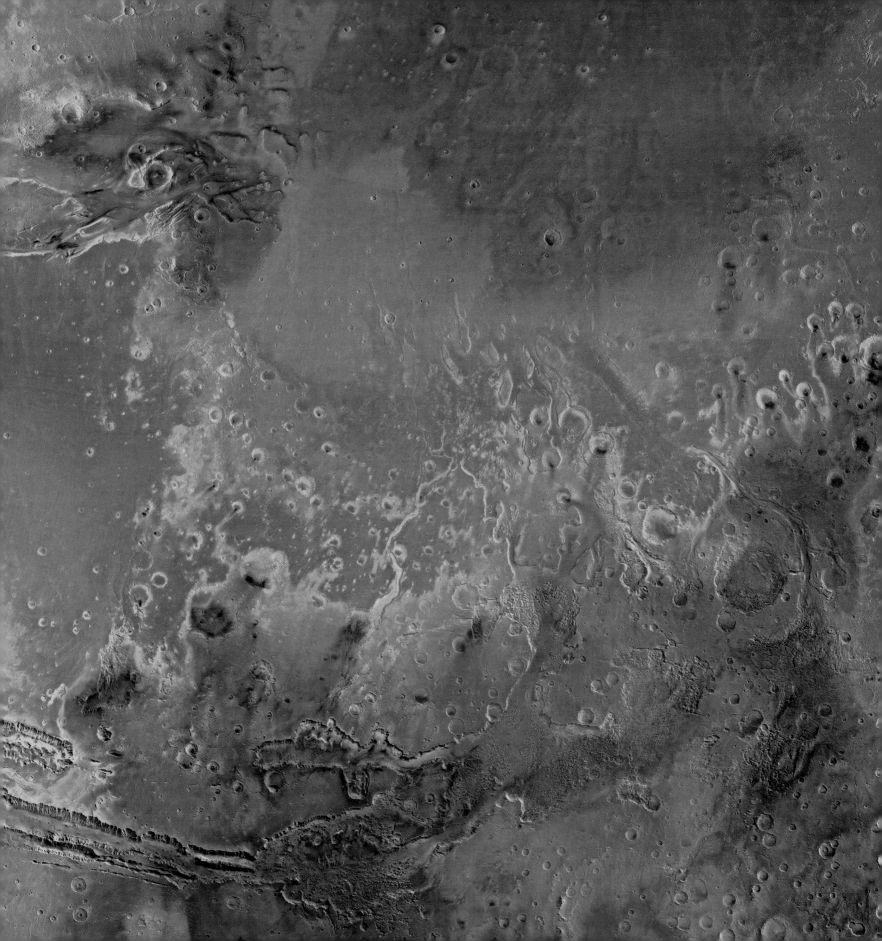

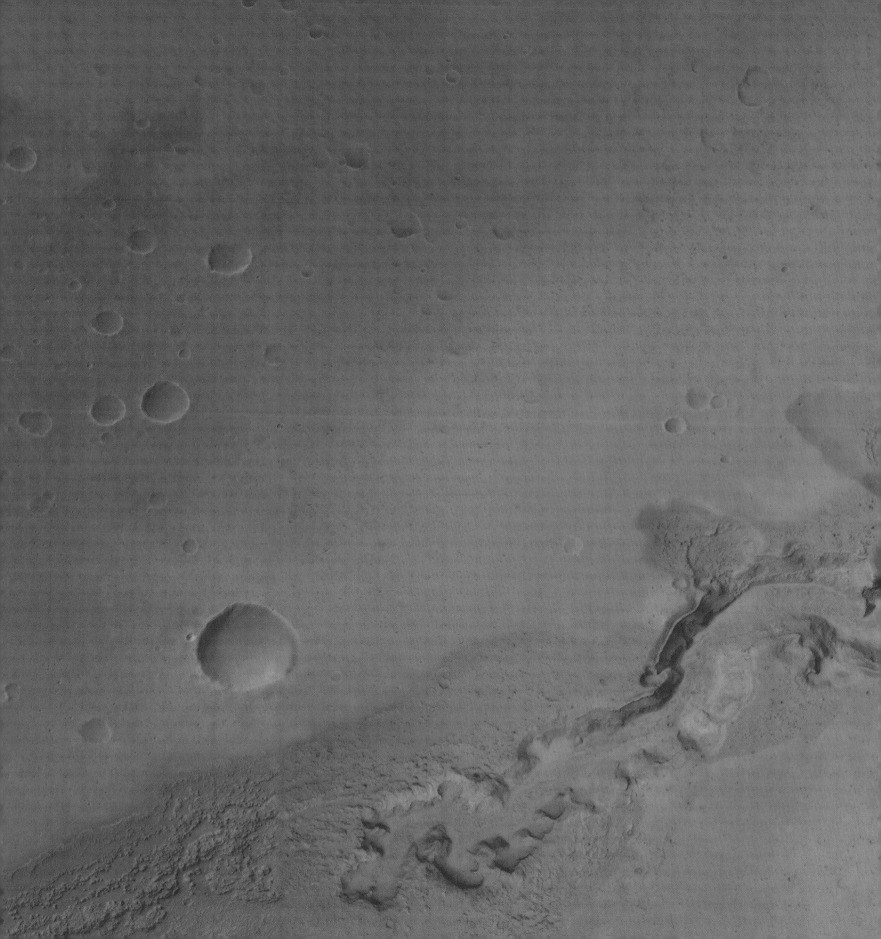

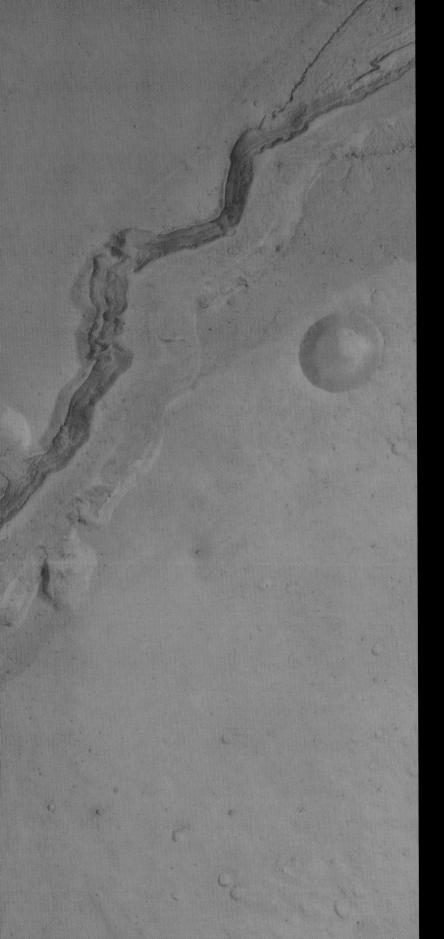

Section longue de 18 km en diagonale du chenal central résiduel dans Kasei Valles, par 21° N et 73° O. L'eau a coulé du sud-ouest (bas à gauche) au nord-est (haut à droite). (MOC)

On voit aussi des écoulements lents ressemblant aux glaciers terrestres : ils se trouvent sur les pentes des chenaux Reull Vallis et Dao Vallis débouchant sur le grand bassin Hellas. Des rides parallèles perpendiculaires à la pente, ressemblant à des crevasses, témoignent d'un lent étirement d'une couche qui descend et se mêle au fond du chenal aux autres coulées provenant de l'amont, comme dans les Alpes. Mars devait ainsi connaître des conditions de températures très clémentes encore récemment : il faut en effet des précipitations de neige pour former des glaciers. Or, la neige ne peut chuter que dans un climat tempéré et humide où l'eau s'évapore d'un côté au-dessus des lacs ou de mers, pour se précipiter ailleurs. On estime qu'en 3 000 ans seulement, des glaciers pourraient ainsi se former sur Mars. Dans la Beacon Valley en Antarctique, se trouve une glace vieille de 8 millions d'années, protégée sous 50 cm de sédiments. Elle se sublime à raison de 0,0001 mm par an. De fait, les conditions climatiques régnant sur Mars – hormis la faible pression atmosphérique – sont proches de celles (-57 °C en moyenne) régnant sur la base Vostok en Antarctique.

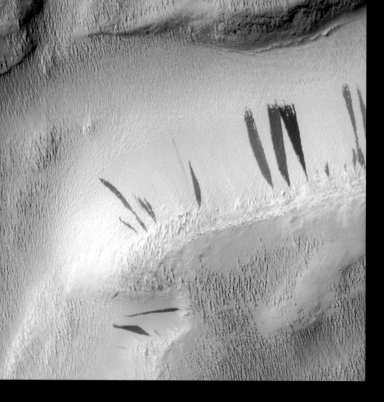

◄ Par 5° S et 152° O, coulées fraîches le long des pentes. Des trois plus larges (80 m) en haut, sont apparues les deux plus sombres à droite juste avant 2001. Certains pensent qu'il ne s'agit pas de coulées de sédiments, mais bien d'eau liquide très salée qui descend tout doucement la pente ! (MOC)

Section large de 2 km d'un intérieur de cratère au printemps, avec des coulées encore recouvertes de givre par 42° S et 158° O. (MOC) ►
Par 39° S et 166° O, en hiver, section large de 2 500 m, montrant des traces de « fontaines » martiennes dans un cratère. (MOC) ► ►

L'eau encore liquide sur Mars ?

L'eau liquide peut exister sur Mars à certains endroits seulement. Par exemple, à 8 000 m de profondeur au fond d'Hellas, la pression varie d'été à hiver de 12 à 17 millibars. L'eau peut y être liquide de 0 °C à 10 °C, l'été autour de 14 heures. Mais aussi vers -5 000 m dans Utopia, au centre de Valles Marineris, dans les cratères Lyot, Lomonosov et Hooke, où l'eau peut être liquide entre 0 °C et 5 °C. Ailleurs, là où la pression dépasse 7 millibars avec une atmosphère saturée d'humidité, l'eau peut également être liquide brièvement. De la gelée blanche se dépose la nuit entre les grains de sable. Le Soleil matinal vient les réchauffer, puis l'eau devient liquide. La couche d'air froid située juste au-dessus évite à la vapeur d'eau de s'échapper. L'eau liquide coule entre les grains de sable et dissout les sels présents pour former des saumures. Puis, le Soleil réchauffe la surface. La couche d'air froid monte : l'humidité s'échappe. L'accumulation de sels finit par cimenter les grains de sable entre eux pour former une croûte friable : une « duricrust » qui possède une grande teneur en sulfates. La vie y existe-t-elle ?

En outre, si l'eau est salée, elle ne gèle pas à 0 °C. L'analyse *in situ* a justement révélé que le sol martien contient entre 10 et 20 % de sels. Par exemple, des chlorures de sodium, de magnésium et de calcium dissous ensemble empêchent l'eau de geler à -63 °C. Or, la planète rouge connaît encore aujourd'hui des écoulements d'eau salée : les fameuses « fontaines » dont on parle tant. Neuf dixièmes des écoulements sont observés dans l'hémisphère Sud sur une bande située entre 30° et 60° de latitude, là où la glace se trouve en abondance. En revanche, à l'équateur la glace a disparu par assèchement du milieu ambiant. Pendant la dernière grande variation du climat, lorsque l'axe de rotation de la planète était incliné à plus de 31°, ces endroits connaissaient des températures

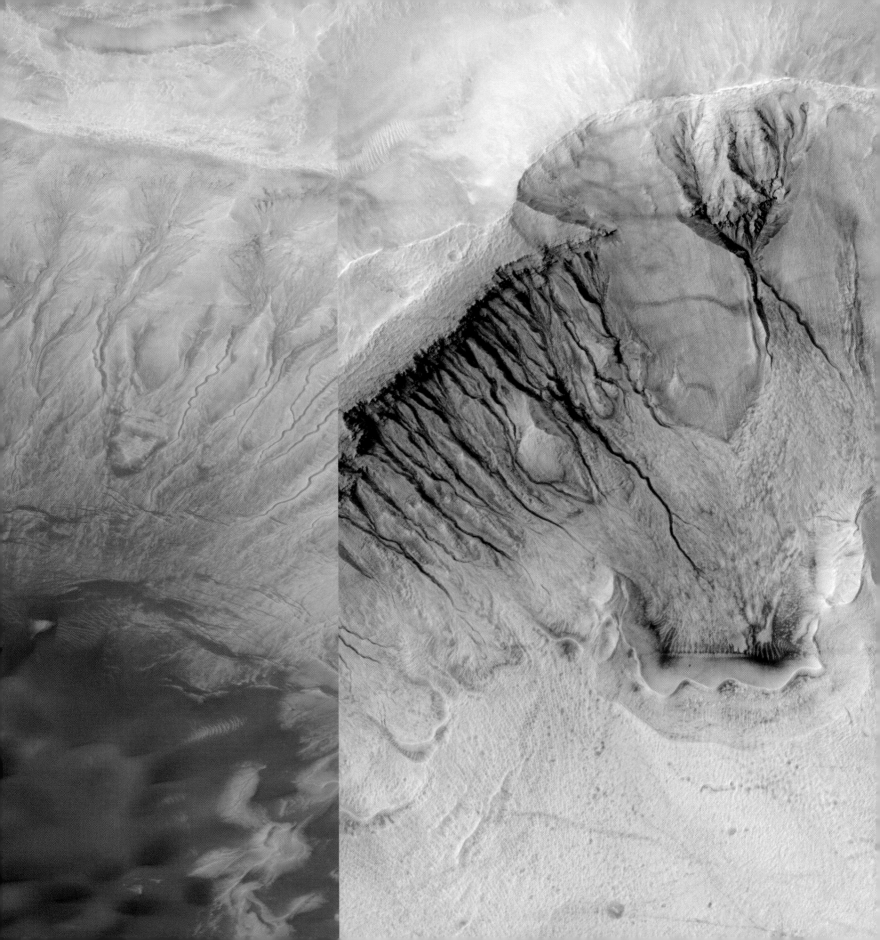

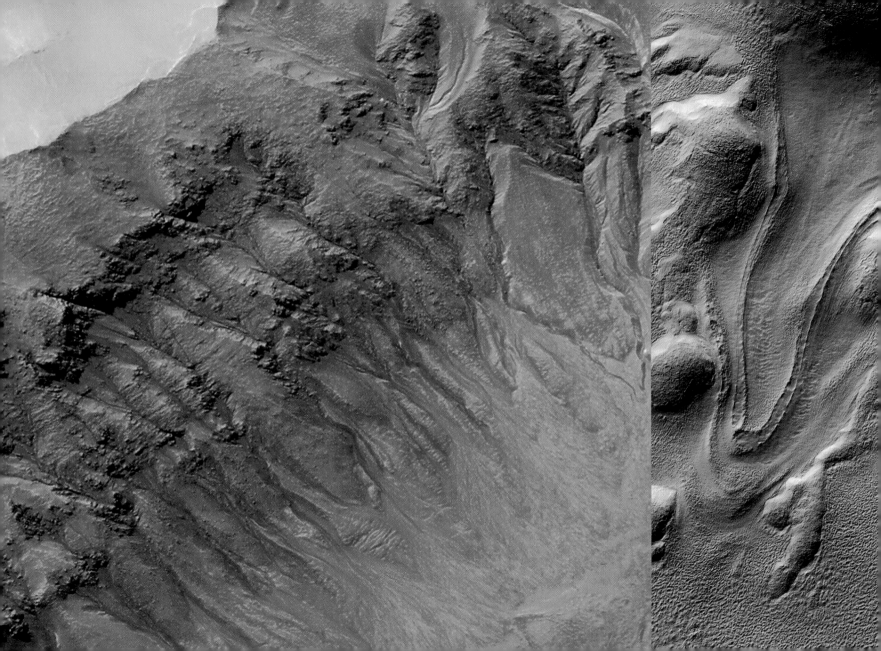

AIR

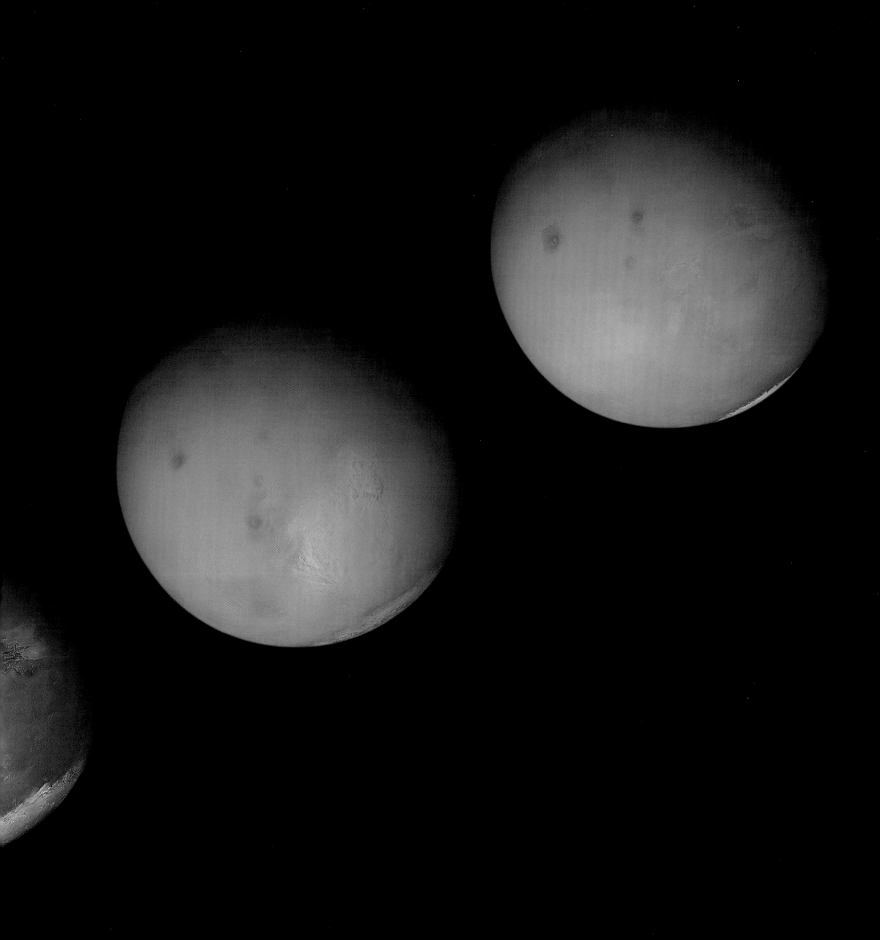

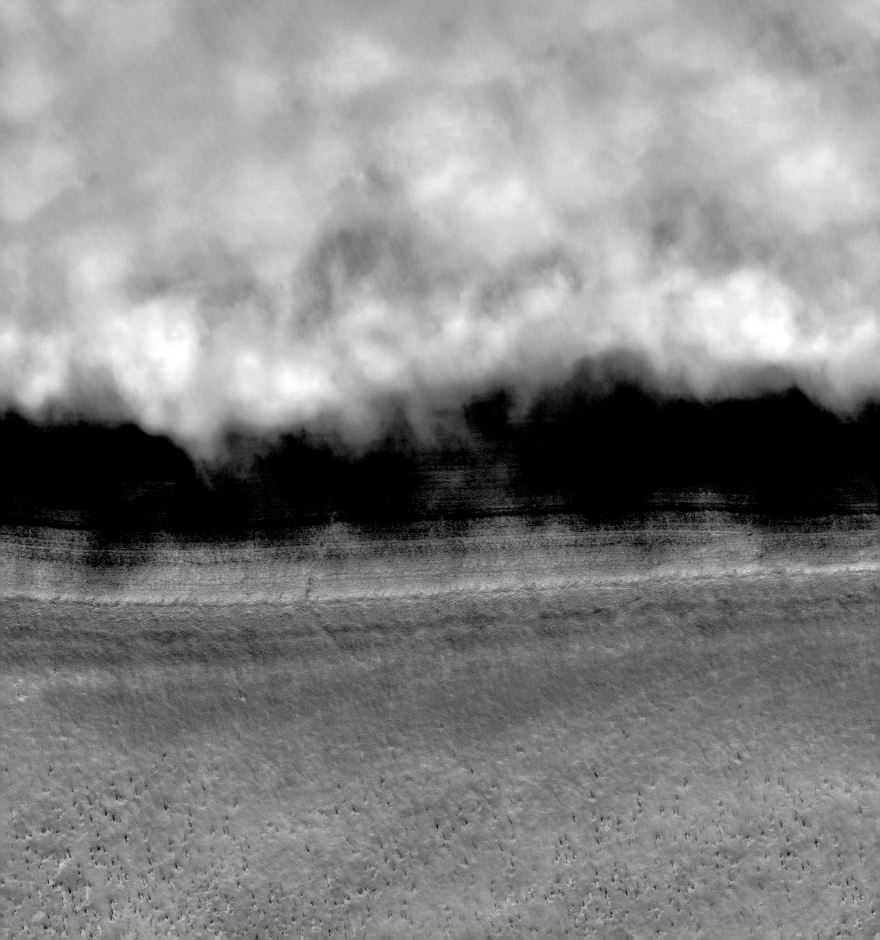

L'ATMOSPHÈRE DE MARS EST CONSTITUÉE À PLUS DE 95 % DE GAZ CARBONIQUE (CO_2), UN GAZ IRRESPIRABLE POUR L'HOMME. COMME LA TERRE, MARS POSSÈDE UNE IONOSPHÈRE. ELLE SE SITUE GÉNÉRALEMENT AU-DESSUS DE 110 KM D'ALTITUDE. EN DESSOUS DE 90 KM D'ALTITUDE, LA PRESSION AUGMENTE RÉGULIÈREMENT EN DESCENDANT VERS LA SURFACE. MAIS, ALORS QU'UNE COUCHE PROTECTRICE D'OZONE CONTRE LES RAYONS NOCIFS UV EXISTE SUR TERRE DANS LA STRATOSPHÈRE ENTRE 10 ET 40 KM D'ALTITUDE, IL N'EN VA PAS DE MÊME POUR MARS. L'OZONE N'EXISTE QU'EN QUANTITÉS INFIMES ET EST RÉPARTI UNIFORMÉMENT DANS LA BASSE ATMOSPHÈRE, DEPUIS LA SURFACE JUSQU'À 8 KM D'ALTITUDE ENVIRON. UN ASTRONAUTE, NON PROTÉGÉ, BRONZERAIT EN UN TEMPS RECORD SUR MARS !

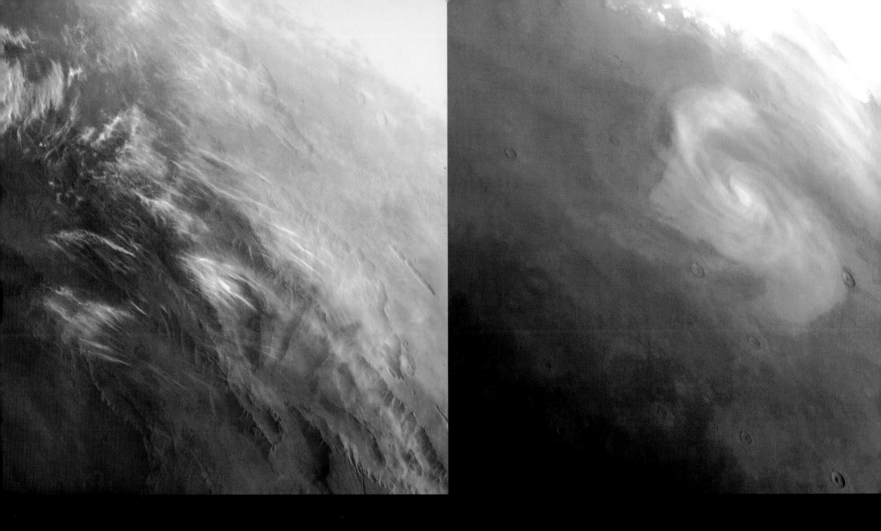

▲ À gauche : au lever du Soleil, groupe de cirrus survolant le centre du grand canyon Valles Marineris. (Viking) À droite : cellule de basse pression par 65° N au milieu de l'été. Elle se trouve à l'intersection d'un front d'air froid polaire et d'air chaud venant des latitudes tempérées. (Viking)

pp. 100-101. De gauche à droite : l'évolution d'une tempête de poussières en 2001. Début juin : l'atmosphère est encore claire. Fin juillet, la tempête, qui a débuté à partir du pôle Sud le 8 juillet, fait déjà rage : la poussière monte si haut qu'elle recouvre presque les grands volcans (taches noires). Fin septembre, la tempête continue. Elle se dissipera à la mi-novembre. Noter la diminution de la taille de la calotte polaire Sud à l'approche de l'été. (MOC)

p.102. Par 83° S et 258° O, section large de 7 km le long de la vallée Chasma Australe. Les strato-cumulus viennent lécher le rebord de la dépression, formant comme une mer de nuages (en haut) visible du haut plateau (en bas). (MOC)

connue depuis plus d'un siècle. Les astronomes avaient coutume de les distinguer sur le limbe de la planète dans leurs puissants télescopes. Grâce aux bonnes images prises par les sondes, on a pu enfin tous les caractériser. La plupart sont de fins cirrus de cristaux de glace, circulant à 35 km de la surface (des cirrocumulus ont été aussi observés). Certains, formés de cristaux de glace carbonique (CO_2) ont été repérés autour des pôles, se dirigeant à la fin du printemps vers des latitudes plus équatoriales. On a observé depuis l'espace de larges nuages spiralés ; ils ne se développent qu'autour du pôle Nord et par temps calme. Des strato-cumulus planent parfois au-dessus des latitudes équatoriales, lorsque l'air chaud monte verticalement de la surface et que la vapeur d'eau se condense en altitude. On a pu également observer des nuages depuis la surface même de la planète : juste avant le lever du Soleil, ils survolaient les sites vers 16 km d'altitude.

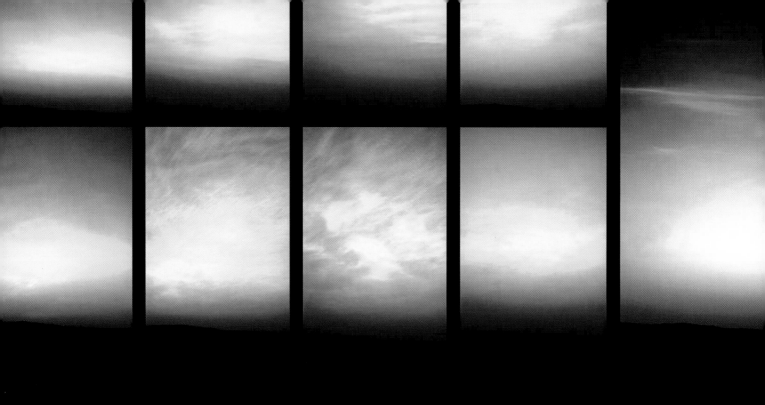

▲ Tôt le matin, avant le lever du Soleil, dans le ciel martien d[e] Pathfinder : les cirrus évoluent à 25 km/h vers 16 km d'alt[i]tude. À droite, la réfraction de la lumière par la glace les color[e] en bleu. (MPF)

◀ Mars à 6 ans d'intervalle au site de Viking 1. À gauche, l[e] 15 août 1976. À droite, le 6 septembre 1982. Après le passag[e] d'une violente tempête de poussières, le 14 juin 1981, le[s] vents ont dévoilé une sous-couche de sédiments plus sombre[.] (Viking)

Soulèvement localisé de poussières au pôle Sud (87° S e[t] 175° O). La vue montre une section large de 3 km. (MOC) ▶
Section large de 370 km, par 38° S et 332° O dans Noachi[s] Terra, montrant des nuages de poussières poussés par de[s] vents du nord-ouest (MOC) ▶▶

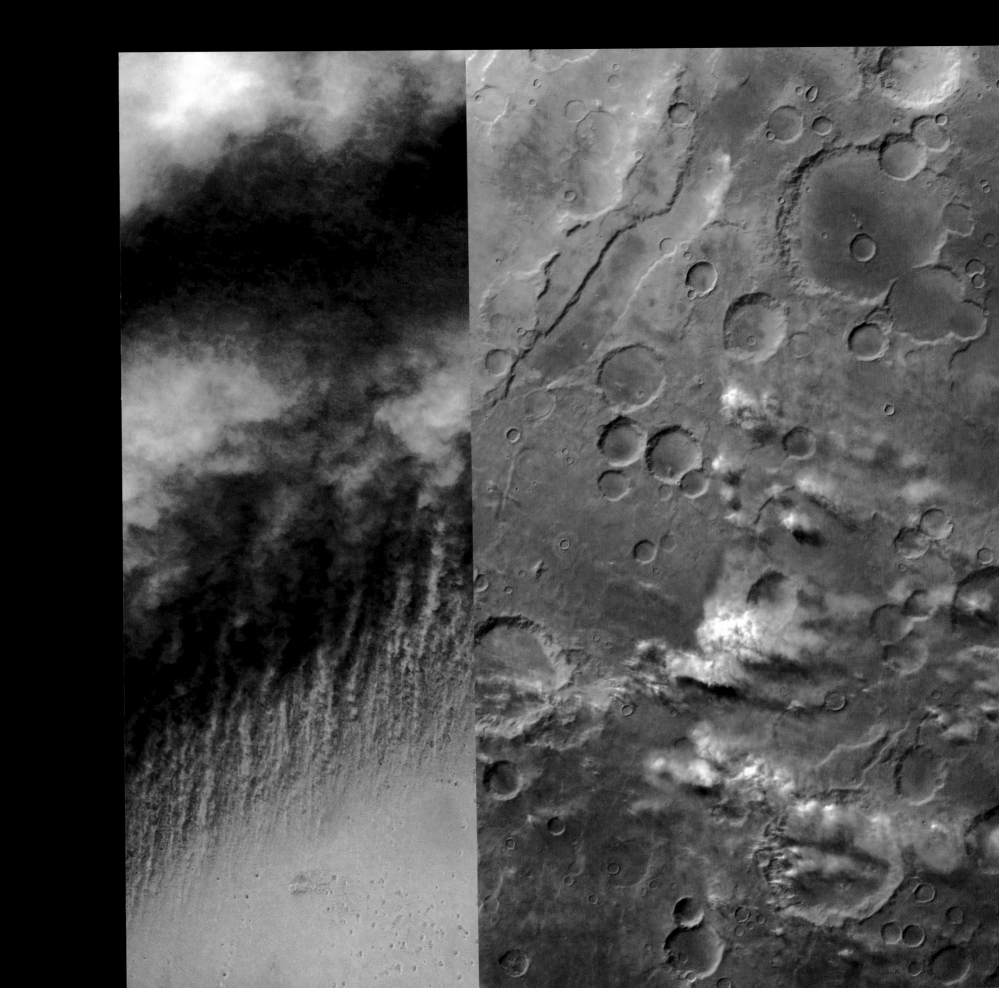

▲ Base d'un tourbillon de poussières haut de 300 m qui se perd dans la luminosité ambiante. (MPF)

Évolution de la transparence et de la couleur de l'atmosphère pendant 1,5 ans martiens (3 ans terrestres) à 14 h 30, au site de Viking 1. Noter à la journée (sol) 1742 l'inversion de la luminosité due à une tempête de poussières. (Viking) ▼

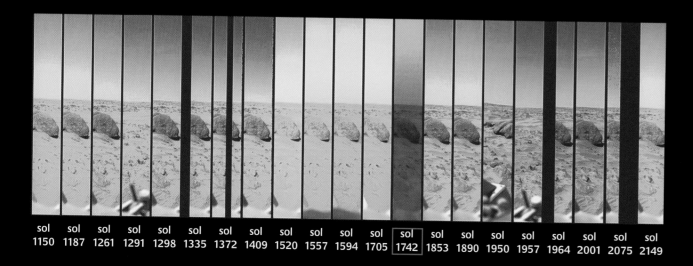

sol 1150   sol 1187   sol 1261   sol 1291   sol 1298   sol 1335   sol 1372   sol 1409   sol 1520   sol 1557   sol 1594   sol 1705   sol 1742   sol 1853   sol 1890   sol 1950   sol 1957   sol 1964   sol 2001   sol 2075   sol 2149

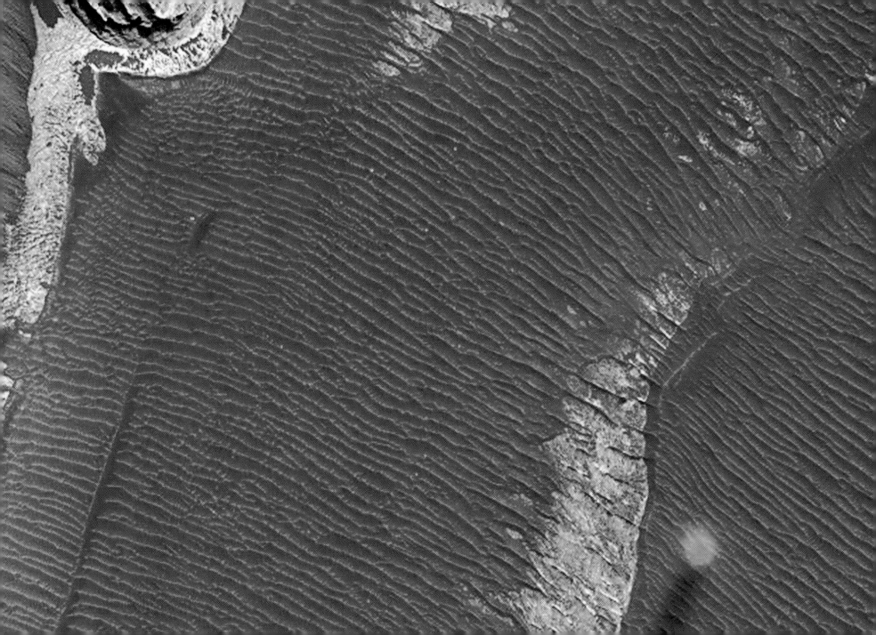

Un ciel moins changeant
que sur Terre

Grâce à Viking et Pathfinder, nous disposons de mesures précises des conditions régnant dans la basse atmosphère de Mars (températures, pression et vitesse

(+10 °C en moyenne à 14 h). En revanche, l'hiver au pôle Sud, lorsque la planète est au plus loin du Soleil, elles peuvent plonger sous les -130 °C la nuit !

de gaz carbonique, la pression varie alors de plus de 35 % sur toute la planète. Elle varie aussi selon l'altitude du lieu où l'on se trouve. Par exemple, près du sommet d'Olympus Mons à 21 000 m d'altitude, elle est tout juste inférieure au millibar. Mais par 8 000 m de profondeur dans le grand bassin Hellas, elle est de 12 millibars l'été et peut frôler les 17 millibars l'hiver.

En résumé, le climat martien, même soumis à de brusques variations dues aux tempêtes de poussières, évolue lentement jour après jour et au fil des saisons. Mars est une planète où des prévisions météorologiques peuvent être effectuées sans risque d'erreur plusieurs mois à l'avance !

▲ Ciel martien au cœur de l'été. Il est 15 h au site de Viking 2. La couleur du ciel tourne vite au violet foncé vers le zénith. (Viking)

Double page suivante. Midi sur Utopia Planitia (Viking 2). Le Soleil est à 60° au-dessus de l'horizon. Les ombres sont bien nettes : un minimum de poussières est en suspension dans l'atmosphère. Le « bidon » à la surface au premier plan est la coiffe protectrice de la pelle collectrice d'échantillons qui a été éjectée peu après l'atterrissage. (Viking)

Soirs et matins,
des moments intenses en couleurs

Tout commence tôt le matin, une heure avant le lever du Soleil. De fins cirrus bleutés de glace d'eau survolent le paysage à plus d'une dizaine de kilomètres d'altitude. À l'est, un léger ovale bleuté apparaît tandis que, tout autour, le ciel se pare d'une teinte ambrée. Au premier plan, la surface reste d'un brun très sombre. Puis, l'ovale s'éclaircit; sa couleur bleue s'affermit. Le paysage commence à prendre une teinte rouille. Le ciel tout contre l'horizon reste obscurci par les poussières en suspension et, à l'occasion, par un brouillard comme sur Terre. Puis le Soleil, petit rond jaunâtre, surgit soudain. Le halo au-dessus est maintenant très clair et nimbé de bleu. Cette couleur est due aux particules de poussières qui renvoient vers l'observateur la longueur d'onde tirant vers le bleu. Le reste du ciel est d'ambre pâle virant progressivement au rose saumon. Lorsque règne un brouillard dense, le Soleil n'est pas immédiatement visible. Il commence seulement à transpercer la brume à 5° au-dessus de l'ho-

rizon. Puis, le paysage s'enflamme. Les ombres allongées se raccourcissent. La surface prend progressivement sa belle couleur cuivrée. Le halo a déjà disparu, noyé dans la luminosité ambiante. Maintenant, la journée est bien avancée. Les nuages ne sont plus très visibles, noyés dans la vive clarté du ciel. Le ciel martien a pris sa belle couleur rose saumon avec un zénith violet sombre.

L'été, vers midi, la lumière écrase les teintes qui prennent une couleur uniforme: brun jaune soutenu. On croit même voir des roches bleues… roches basaltiques qui sont en fait grises. Cette illusion d'optique est bien connue. Lorsque l'on regarde Mars, l'ambiance rougeâtre de la planète perturbe notre cerveau: il intensifie artificiellement les teintes neutres pour nous permettre de mieux les discriminer. Ainsi dans un univers rouge et brun, le gris nous apparaît bleu. Le soir, le paysage prend les mêmes couleurs chaudes que celles d'une fin d'après-midi dans un désert terrestre. La lumière du Soleil traverse horizontalement la poussière

◄ 16 h 40, fin d'après-midi pour Spirit : les ombres s'allongent. Celle du mât de la caméra traverse un petit cratère. (MER)

Site de Viking 1 le matin à 7 h 30 (en haut) et le soir à 17 h 30 (en bas). Au premier plan, les gros rochers Big Joe. (Viking) ►

Double page suivante. Coucher de Soleil au site de Viking 1. Il est 19 h 13 et le Soleil vient tout juste de disparaître. Le halo bleuté est dû à l'absorption du rouge par les poussières atmosphériques. (Viking)

de la basse atmosphère et jaunit fortement. Puis, alors que le Soleil va plonger sous l'horizon, le halo bleuté se reforme au-dessus de lui. Tout autour, le ciel perd sa couleur rose saumon qui vire à l'ambre léger. Dès que le Soleil a disparu, le halo bleuté persiste encore quelques minutes puis s'estompe lui aussi.

Des lumières apparaissent alors dans le ciel. D'abord les deux petites lunes, Phobos et Déïmos, luisent comme des étoiles. Phobos tourne si vite et si près autour de Mars qu'un observateur peut le voir bouger très lentement à l'œil nu dans le ciel. Ensuite, c'est au tour des principales planètes de se montrer. Lorsque Mars se trouve en position favorable sur son orbite autour du Soleil, Jupiter brille de tous ses feux. Mais le soir à l'ouest, ou le matin vers l'est selon la période de l'année, une grosse étoile règne en maître : c'est notre Terre. Elle fait figure « d'Étoile du Berger ». En braquant un télescope, l'observateur pourrait découvrir une petite lumière tout contre elle : notre Lune ! À fort grossissement, notre globe est un beau croissant bleuté parsemé de blanc : les nuages. Parfois, des zones brunâtres apparaissent : les continents. Puis, le ciel se remplit d'étoiles. L'air martien étant moins dense, leur lumière est plus vive que sur Terre et elles ne scintillent pas. Vers 2 h du matin, elles s'estompent lorsque le brouillard commence à se former...

▲ Coucher de soleil pour Opportunity. La séquence commence à 17 h 52 et entre chaque image s'écoule une minute. (MER)

8 h 15 dans le brouillard pour Viking 1. Le Soleil s'est levé à 7 h 50 mais apparaît encore voilé de brumes. (Viking) ▼

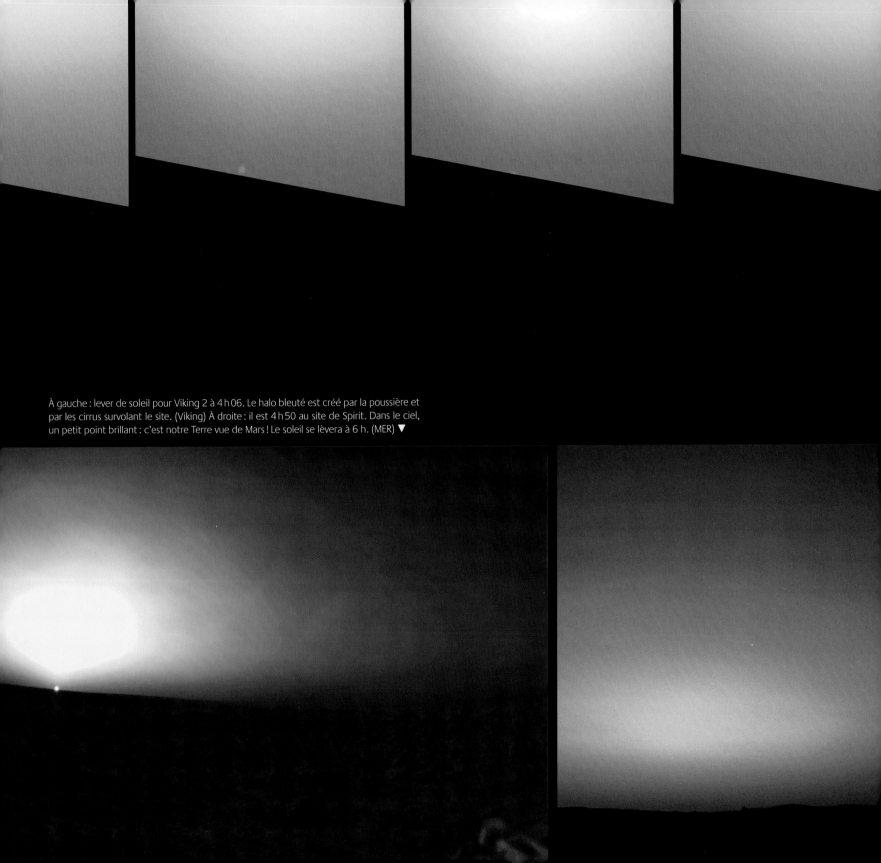

À gauche : lever de soleil pour Viking 2 à 4 h 06. Le halo bleuté est créé par la poussière et par les cirrus survolant le site. (Viking) À droite : il est 4 h 50 au site de Spirit. Dans le ciel, un petit point brillant : c'est notre Terre vue de Mars ! Le soleil se lèvera à 6 h. (MER) ▼

L'HOMME

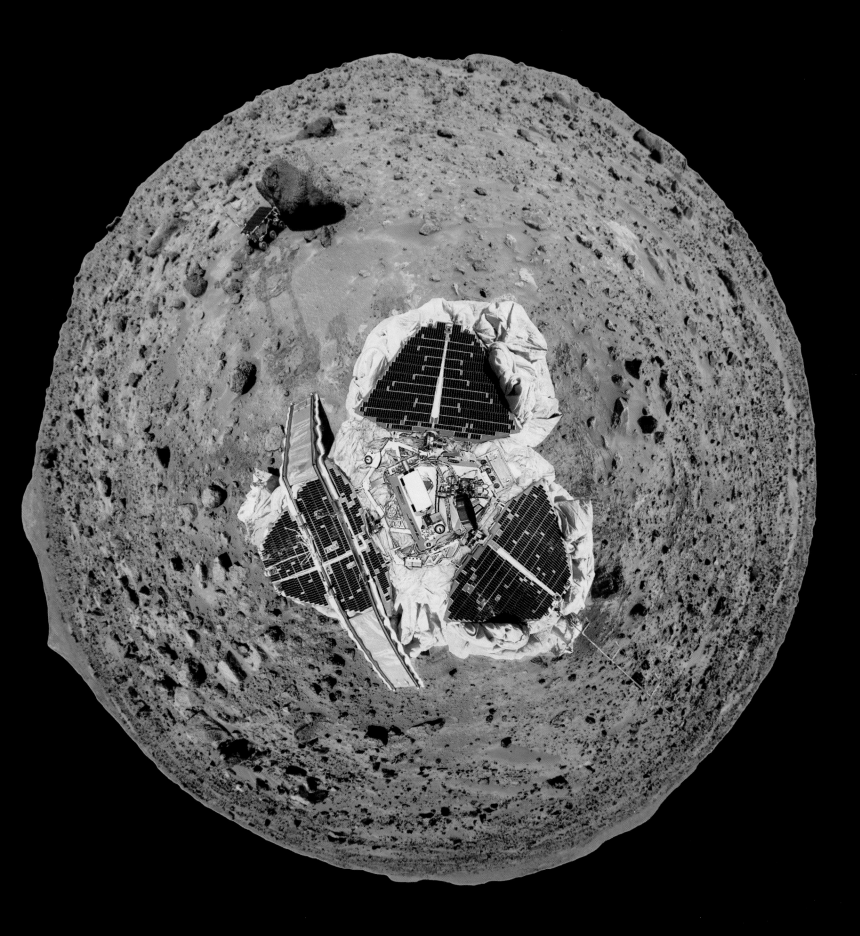

LA CONCEPTION DES SONDES DÉRIVE DES CINQ SENS HUMAINS :
VUE, OUÏE, TOUCHER, GOÛT, ODORAT. NOUS AVONS AINSI DOTÉ
CES ROBOTS D'EXTENSIONS CAPABLES DE NOUS FAIRE RESSENTIR
L'ENVIRONNEMENT MARTIEN, COMME SI NOUS ÉTIONS SUR PLACE. DES
CAMÉRAS, SANS CESSE PERFECTIONNÉES, NOUS OFFRENT UNE FINESSE
DE DÉTAILS PROCHE DE CELLE D'UN ŒIL HUMAIN. UN MICROPHONE NOUS
DONNE L'OUÏE CAR, MALGRÉ SA FAIBLE DENSITÉ, L'AIR MARTIEN PEUT
TRANSPORTER LES SONS ; ILS APPARAISSENT SEULEMENT COMME ÉTOUFFÉS.
ON PEUT AINSI ÉCOUTER LES BRUITS DES EXPÉRIENCES EN COURS OU DE
L'ENVIRONNEMENT MARTIEN : VENT, TORNADES. NOUS POSSÉDONS LE
TOUCHER GRÂCE AUX PIEDS, PELLES ET ROUES EN CONTACT AVEC LA SUR-
FACE. QUANT AU GOÛT ET À L'ODORAT, ILS NOUS SONT APPORTÉS *VIA* LES
NOMBREUSES EXPÉRIENCES PERFECTIONNÉES D'ANALYSE DE LA SURFACE.
DES ROBOTS D'ABORD, MAIS DES HOMMES ENSUITE !

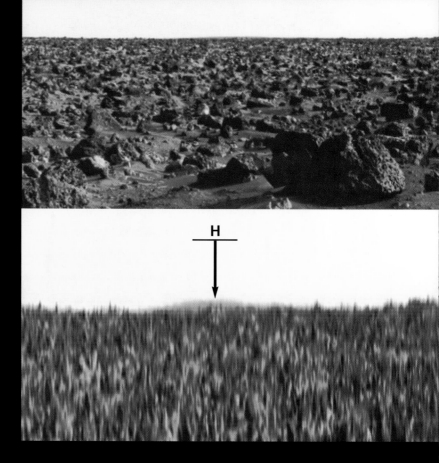

p. 123. Pathfinder vue du dessus avec ses airbags rétractés. Le minirover Sojourner vient de descendre la rampe (à gauche) et s'est positionné tout contre le gros rocher Yogi. (MPF)

p. 124. L'arrière de la sonde Viking 2. De part et d'autre, les capots des générateurs nucléaires avec leurs tubulures de refroidissement (à droite). Au centre, les mires de calibrage et le miroir grossissant montrant les mires magnétiques circulaires de la pelle. Au milieu, le mât de l'antenne à grand gain pointée vers la Terre. (Viking)

Comment se repérer sur Mars?

Il est difficile de se repérer à la surface de Mars. L'horizon est plus proche que sur Terre: 4 km au lieu de 6 km. En outre, la poussière en suspension atténue les contrastes des reliefs lointains au-delà de 40 km de distance. Il est difficile d'interpréter une carte dressée d'après des vues orbitales, et un rempart de cratère haut de quelques mètres peut boucher la vue sur une autre formation.

Ainsi, il a été impossible de positionner les sondes Viking avec précision peu après leur atterrissage. On a d'abord tenté de les trianguler en les écoutant, grâce aux sondes orbitales et aux antennes géantes de télécommunications sur Terre. Mais les résultats n'eurent qu'une précision de quelques kilomètres. On a essayé aussi de les repérer d'orbite, mais les sondes sont dépourvues de larges composants clairs pouvant contraster avec le paysage. De plus, les protubérances des instruments créent des ombres semblables à celles des cailloux environnants!

Pour Viking 1, deux possibilités de sites coexistent à 5900 m l'une de l'autre. Pour Viking 2, on s'est longtemps perdu en conjectures, tellement son site est plat et dépourvu de reliefs. Mais une solution originale a permis de le retrouver, comme nous le verrons ci-après. Pathfinder a eu la chance de se poser là où de nombreux reliefs ont permis de la positionner le jour même de son atterrissage! Quant à Spirit et à Opportunity, après de nombreux essais en suivant les télécommunications, on a enfin pu les trouver grâce aux caméras à haute résolution des sondes orbitales qui ont repéré la blancheur de leurs airbags.

À la recherche de Viking 2

Sur Utopia Planitia, on ne voit à l'horizon aucun relief notable qui permette de prendre des points de repère et de positionner une sonde. Seul à l'est de Viking 2, on aperçoit un lobe de matériaux plus clair projeté par le

Goldstone

grand cratère Mie. Les scientifiques n'ont pu estimer en 1976 qu'un lieu approximatif en triangulant ses émissions radio. Sur les vues orbitales, on s'aperçoit que toute la région est truffée de cratères juchés sur des plates-formes (pedestal crater). Ils se forment lorsque le terrain du cratère, comprimé par la force de l'impact, reste intact tandis que le sol plus meuble tout autour se trouve érodé par les vents. Problème : la plate-forme résiduelle ressemble, vue par la tranche, à une galette plate et domine très peu les terrains environnants. Pour localiser la sonde, on a ainsi eu l'idée de « comprimer » un panorama à 360° en augmentant plusieurs fois sa verticalité, tout en conservant sa largeur. Surprise : apparaissent alors deux « bosses ». Ce sont – très exagérés en hauteur – les reliefs de deux anciens cratères, dont les sommets sont visibles au-dessus de l'horizon. Il aura ainsi fallu attendre 28 ans avant de repérer l'endroit où se nichait Viking 2 !

▲ En haut, les plaines ultra-plates d'Utopia. En bas, l'astuce d'imagerie trouvée par Philip Stooke (University of Western Ontario) : étirer la vue en hauteur ! La colline « H » et le cratère Goldstone, situés respectivement à 23 km et 17 km, deviennent visibles. Trianguler la position est enfin possible ! (Viking)

Double page suivante. Vision du futur. Des astronautes examinent la sonde Viking 2, silencieuse depuis des décennies, relique de « l'âge d'or » de l'exploration spatiale. (Pat Rawlings/SAIC)

Pat Rawlings '91

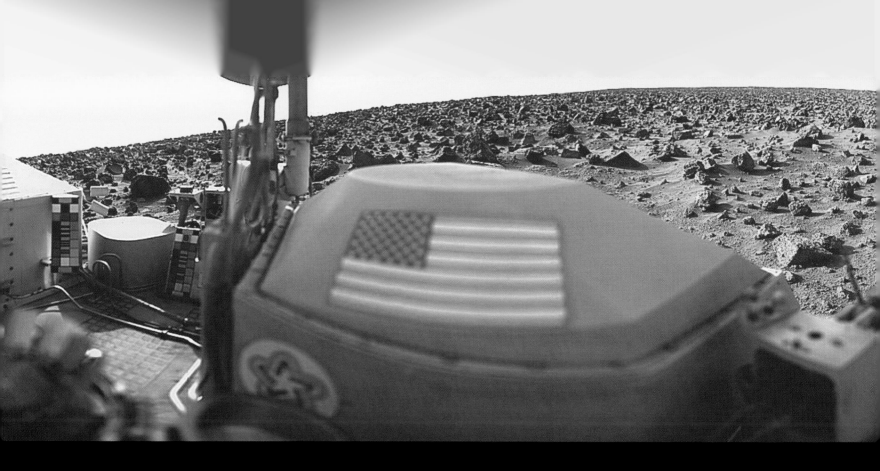

Des formes rassurantes
dans un univers inconnu

Lorsqu'une sonde se pose sur Mars, la vue ne montre pas qu'un monde inconnu, elle montre aussi l'engin *Made on Earth*. Inutile, direz-vous. Quel intérêt y a-t-il à photographier la sonde, après tant de chemin parcouru ? Ce premier plan qui montre les pieds d'atterrissage ou des antennes, les ingénieurs l'ont vu des centaines de fois lorsqu'ils ont testé leurs caméras au sol. Au-delà, c'était la salle d'assemblage avec ses ordinateurs, ses bancs d'essais, ses mires de calibrage… Maintenant, ils scrutent ce même panorama avec une grande différence : l'arrière-plan a changé ! On découvre le paysage d'une autre planète et soudainement, comme vu au travers des vitres d'une voiture, on se sent transporté sur ce nouveau monde.

La conception elle-même des sondes influence la perception qu'ont les scientifiques de leur nouvel environnement. Avec les premières sondes Viking 1 et 2, on était condamné à rester au même endroit, car elles ne possédaient aucun moyen de locomotion. La grande frustration était de ne pouvoir aller voir derrière l'horizon. Les sondes suivantes, Pathfinder, Spirit et Opportunity, ont offert une nouvelle perspective : celle d'un paysage qui se transforme au fur et à mesure de la progression des véhicules. La science doit aussi s'adapter à cette nouvelle donne. Il faut des analyses et résultats rapides avant de repartir au plus vite examiner un autre endroit. Inconvénient : l'énergie est produite par

des panneaux solaires. Il faut donc se servir de la caméra – gourmande en énergie – au moment de la journée où l'ensoleillement est le plus fort, afin de conserver une puissance aux batteries la nuit. Les prises de vue sont ainsi réalisées le plus souvent avec un Soleil au zénith, écrasant les ombres et les reliefs.

En revanche, avec les sondes Viking, la science était plus « méditative ». L'énergie, fournie par de gros générateurs nucléaires, était abondante et durait plusieurs années. De nombreuses images pouvaient être prises à volonté du lever au coucher du Soleil. Les chercheurs avaient le temps d'examiner leur environnement sous différents éclairages. Les couleurs des paysages écla-

taient au lever du Soleil, puis flamboyaient à son coucher. L'hiver, on voyait le sable et les pierres blanchir sous la gelée… L'avenir appartient aux sondes mobiles, alimentées à l'énergie nucléaire !

▲ Panorama complet pris par la caméra n° 1 de la sonde Viking 2 à 13 h 15. De gauche à droite : le capot du générateur nucléaire n° 2, l'arrière de la sonde avec ses mires de calibrage, le mât de l'antenne à grand gain, le capot du générateur nucléaire n° 1 portant le drapeau américain, le support du bras météo et le capot du bras collecteur d'échantillons. (Viking)

Double page suivante. Le rover Spirit vient juste de quitter son atterrisseur technique, baptisé Columbia Memorial Station. Structure maintenant inerte aux trois panneaux largement ouverts, elle enserre les airbags dégonflés. Noter les rampes jaunes flexibles baptisées Batwings par les ingénieurs : celle au premier plan permit à Spirit de descendre à la surface. (MER)

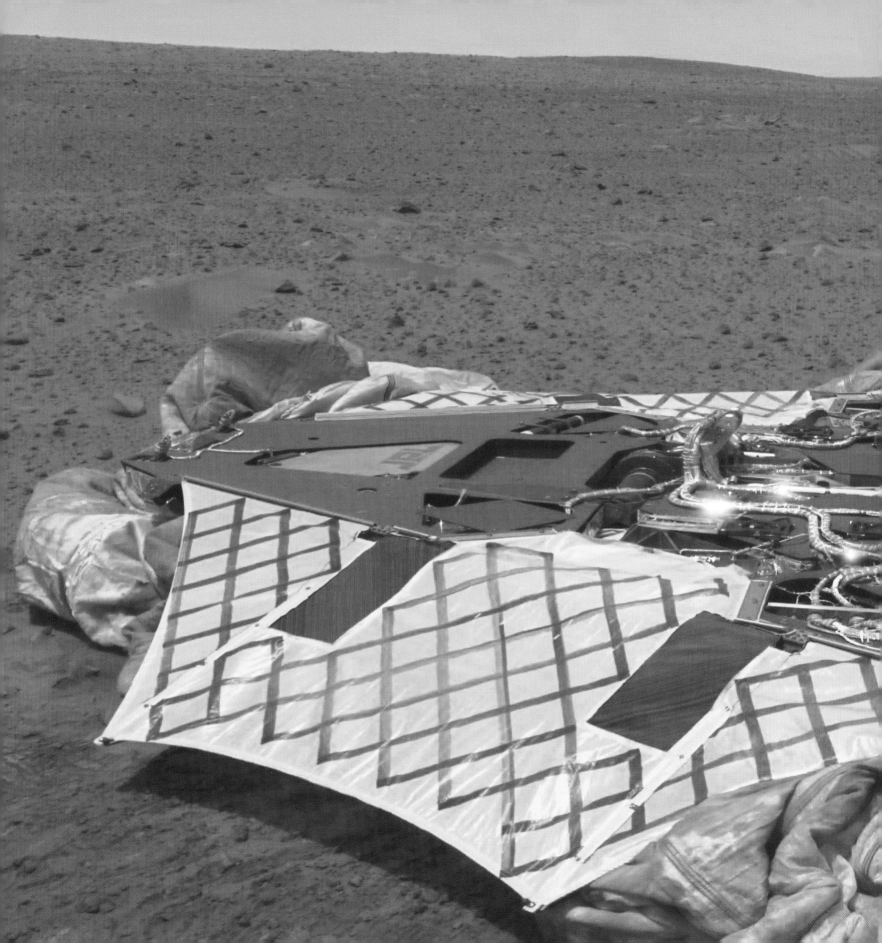

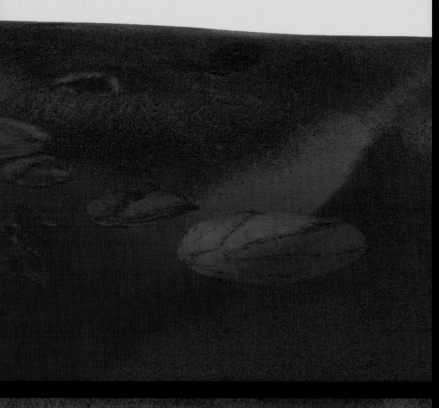

◄ Empreintes des airbags dans la fine poussière d'hématite du site d'Opportunity. En redressant la perspective pour reconstituer une vue du dessus, on voit même les coutures des ballons imprimés dans la surface (en bas). (MER)

Sur Chryse Planitia tôt le matin. Au premier plan, l'un des trois pieds d'atterrissage en titane de la sonde Viking 1. (Viking) ►

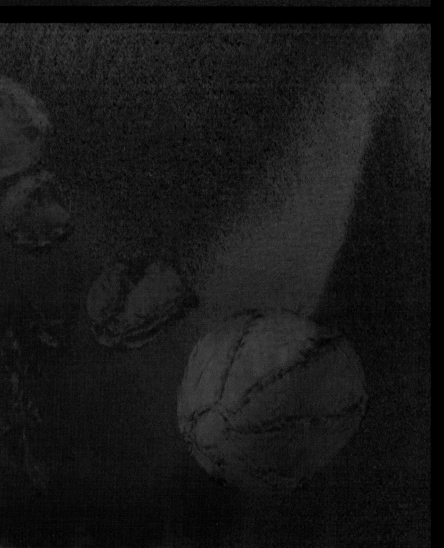

Le symbole de l'exploration

«Quand vous débarquez, que regardez-vous en premier? Vos pieds!» C'est ainsi que fut décidée la prise de la toute première image sur Mars par Viking 1 en 1976. Reçue sur Terre, elle étonna par la finesse des détails et surtout par la netteté des boulons d'un pied d'atterrissage de la sonde. Il fut la grande vedette de cette première journée! Immédiatement après, fut envoyé un panorama dévoilant le paysage jusqu'à l'horizon. Photographier d'abord l'environnement immédiat d'une sonde est devenu une tradition de l'exploration martienne. Pour Pathfinder, Spirit et Opportunity, on n'échappa pas à la règle: les premières images montrèrent le tissu plié des airbags. Une exigence des ingénieurs pour évaluer l'état de la sonde après l'atterrissage. Paradoxalement, une science «utile» a pu en dériver. Un pied disparaissant dans le sol pour Viking 1 a ainsi permis de mesurer la densité des sédiments dans lesquels il s'était enfoncé. La rétractation des airbags sous les sondes lors des missions suivantes a délogé des petits cailloux, éraflé la surface, l'incisant même parfois. On a pu en déduire la cohésion des terrains autour des engins.

Le reflet de la civilisation

Lors des premières missions lunaires Apollo, on comprit rapidement les limites d'une exploration à pied. On dota ainsi les astronautes d'Apollo 14 d'une « brouette » à équipements pour leur permettre d'aller plus loin. Enfin, lors des trois missions suivantes, les astronautes purent s'éloigner de plusieurs kilomètres au volant d'une jeep lunaire. Il en fut de même pour les sondes martiennes. Elles furent d'abord « à pied » (donc immobiles), puis dotées de mouvements limités avec un minirover (celui de Pathfinder) et enfin entièrement mobiles avec Spirit et Opportunity. La roue est maintenant un élément essentiel de l'exploration martienne. L'image des roues elles-mêmes et de leurs traces laissées sur le sol est un résultat concret de notre progression dans la découverte. Les chercheurs ne sont pas oubliés non plus : en roulant, les véhicules perturbent la surface et délogent des sédiments. Ils peuvent alors comprendre la cohésion du sol martien qui se comporte comme un sable mouillé grâce à ses propriétés magnétiques.

◄ Au premier plan le sommet de l'antenne omnidirectionnelle de la sonde Pathfinder. À l'arrière-plan, le minirover Sojourner explore la dune Mermaid. (MPF)

Cheminement de Spirit qui se trouve maintenant à 100 m de sa base (au fond). Il traverse la dépression Laguna Hollow où il va rester trois jours à creuser la surface (cf. p. 139). Noter ses changements de direction en détectant des reliefs et ses rotations sur place (MER) ►

▲ À gauche : le bras télescopique de la sonde Viking 2 en train de creuser une tranchée. (Viking) En haut à droite : la ponceuse vient de nettoyer la roche Guadalupe. Elle s'est recouverte de fine poussière. En bas à droite : les résultats du ponçage à sec sur 5 mm d'épaisseur (détail p. 27). La roche est prête à être analysée. (MER)

Étendre les sens humains

Les sondes Viking étaient dotées d'un bras collecteur d'échantillons. Il s'étirait jusqu'à 4 m de distance et sa pelle creusait sur 20 cm de profondeur. Ensuite, on le rétractait et on lâchait les échantillons dans l'expérience choisie.
Le minirover Sojourner fit office de pelle à la sonde Pathfinder, roulant une centaine de mètres. Un petit

instrument (spectromètre alpha-proton et à rayons X ou APXS) pouvait détecter les éléments des roches. Grâce à ses six roues crantées, il a pu gratter la surface et révéler le proche sous-sol. Les rovers Spirit et Opportunity possèdent chacun un bras robotique à plusieurs articulations. Au bout, un barillet en forme de croix porte trois expé-

Tranchée creusée dans les sédiments de la dépression Laguna Hollow par Spirit. Onze allers-retours ont été nécessaires aux roues pour creuser sur 7 cm de profondeur. (MER)

riences et un outil de ponçage capable d'enlever 5 mm d'épaisseur de roche pour les dénuder. On accède ainsi au matériau non pollué par les poussières. Outre un spectromètre APXS, un microscope capture des images d'une grande finesse (30 microns par pixel). Un spectromètre Mössbauer détecte les minéraux et détermine leur état

d'oxydation. Comme Sojourner, Spirit et Opportunity peuvent bloquer cinq roues et faire tourner la sixième sur place pour creuser la surface sur une dizaine de cm de profondeur. Mais Opportunity et Spirit font en une journée ce qu'un géologue effectue en moins d'une minute ! L'envoi de l'homme sur Mars reste donc incontournable

Agir sur l'environnement martien

Coloniser Mars semble à notre portée. Mais comment la rendre habitable, la « terraformer », pour y abriter une flore et une faune diversifiées ?

Certains pensent créer des « niches » écologiques en défrichant les dépressions de la planète. D'autres veulent les creuser davantage en y impactant d'énormes astéroïdes. En effet, au fond régnerait une pression de 25 millibars propice aux plantes résistantes au froid comme les lichens. Toutefois la plupart des plantes ter-

restres poussent à une pression de 140 millibars… Hormis ces interventions ponctuelles, la terraformation exige un changement global.

Tout d'abord, on déclenche un « effet de serre ». L'atout de Mars, c'est la richesse de son atmosphère en CO_2 (95,3 %), gaz capable de piéger la chaleur. Il est stocké dans les glaces du pôle Sud et les roches. Il s'agit d'abord de réchauffer la calotte australe pour épaissir l'atmosphère et piéger plus efficacement la chaleur solaire. On

atmosphérique augmentera de 5 millibars par an. Un autre point d'équilibre sera atteint lorsque la pression atmosphérique sera de 500 millibars, car les températures de l'équateur aux tropiques ne dépasseront guère 0 °C, empêchant le dégel massif du sous-sol gelé dans les hautes latitudes.

On pourra alors réchauffer davantage la planète grâce aux gaz à effet de serre, comme les fameux CFC (ou chloro-fluorocarbones). Certains ne détruisent pas la couche d'ozone et peuvent être produits massivement sur Mars avec de petites usines. Alors le pergélisol dégèlera et l'eau recoulera à la surface de Mars. Avec une atmosphère épaissie, les colons pourront marcher à sa surface, sans combinaison spatiale, en respirant simplement avec un masque à oxygène.

Mais pour les plantes évoluées et la vie animale à la surface de la planète, il faut de l'oxygène dans l'atmosphère : au moins l'équivalent de 120 millibars d'oxygène pour l'homme, sans compter l'azote. Si l'oxygène pouvait être facilement obtenu par le « saupoudrage » de plantes et de bactéries génétiquement modifiées, il faudrait pourtant attendre 1 000 ans avant de pouvoir se promener à l'air libre sans masque à oxygène.

Il n'est pas possible d'envisager la terraformation de Mars sans savoir si la vie existe, même sous une forme très primitive. Dans l'affirmative, il faudra alors lui aménager des niches lui permettant de survivre.

pense ainsi à un miroir orbital géant, ou à un « saupoudrage » de débris presque noirs de comètes ou d'astéroïdes pour absorber la chaleur solaire.

En 20 ans, la glace carbonique du pôle Sud se sublime : la température monte de quelques degrés sur Mars et c'est au tour du CO_2 du sous-sol de s'échapper. L'effet de serre s'emballe : davantage de CO_2 est libéré. Il faudra cependant un siècle pour obtenir une pression de 100 millibars ! Puis, la chaleur descendra en profondeur et la pression

VISIONS DE MARS : LES SECRETS

Mars comme si vous y étiez !

Le but de cet ouvrage est de vous faire profiter de vues martiennes telles que vous les verriez sur Mars. Sa genèse remonte à 1978, lorsque est paru *The Martian Landscape* de la NASA. Une image m'a alors fasciné : celle en noir et blanc d'un rempart de cratère vu depuis la surface (en bas à droite). Je rêvais de pouvoir le voir en couleurs et de l'explorer. Maintenant, grâce à l'informatique, vous observez les roches avec leurs vraies teintes.

Une attention particulière a été apportée à la qualité artistique des images présentées ici. Tout d'abord, parmi toutes celles reçues sur Terre, certaines vues d'orbite ou prises depuis la surface sont soigneusement sélectionnées. Si d'aventure un segment manque (défaut de transmission, etc.), il a été reconstitué à partir d'éléments à basse résolution ou adjacents. Pour compléter certaines vues depuis la surface, les éléments des sondes pris en noir et blanc (mode panchromatique) ont été même colorisés à partir de photos prises lors de l'assemblage sur Terre. Voici pourquoi il s'agit aussi d'un livre d'art. Chaque image a été retravaillée avec soin et corrigée de ses imperfections au pixel près : des centaines et des centaines d'heures de travail minutieux pour votre plus grand plaisir, celui de découvrir ces *Visions de Mars*.

Mais quelles sont les vraies couleurs de Mars ? Lorsque, en 1982, j'ai commencé à retraiter au JPL les images prises par les atterrisseurs Viking, je me suis vite aperçu que les couleurs diffusées dans la presse étaient trop saturées. Je me suis donc appliqué à trouver les vraies teintes en corrigeant les défauts des filtres des caméras. En outre, il m'était devenu évident que la couleur du ciel, en général jaune orangé, varie au gré des saisons selon la quantité de poussières présentes dans la basse atmosphère (cf. p. 108 bas). Parfois aussi, lorsqu'un front d'air froid survole le site, entouré de son cortège de cirrostratus, la luminosité baisse, diminuant les contrastes et la saturation des teintes. D'un mois à l'autre, l'aspect d'un paysage peut alors changer

Les variations de l'éclairage solaire au cours de la journée (ou « sol » qui dure 24 h 37 mn) font aussi évoluer la teinte des sédiments d'un beau brun cuivré à un brun jaune plus clair.

« Mais vos couleurs sont-elles vraies ? » me demande-t-on souvent. Je réponds qu'il s'agit d'une interprétation. Elle se conjugue bien avec les teintes des mires de couleurs positionnées sur les sondes. Elles sont assez proches de ce que verrait sur Mars un astronaute dont le cerveau a déjà intensifié de lui-même le contraste et la luminosité du paysage. Les futurs colons développeront une plus grande acuité que nous aux différences subtiles de couleurs. Ils seront devenus de vrais Martiens !

Les retraitements d'images de cet ouvrage peuvent être classés en quatre catégories : colorisation d'images orbitales, vues à haute résolution en couleurs des atterrisseurs Viking, images couleurs (Pathfinder, Spirit et Opportunity), et images altimétriques de synthèse.

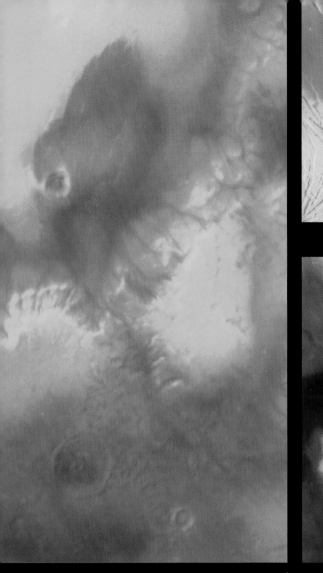

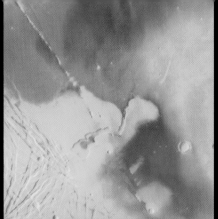

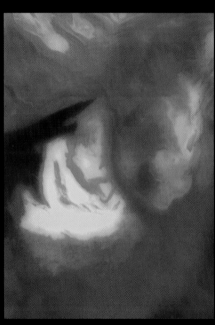

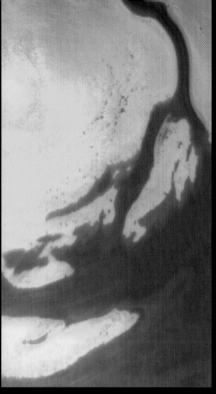

2

4

Ces cinq vues ont été reconstituées à partir d'images bleu et rouge grand-angle prises par la caméra MOC de la sonde Mars Global Surveyor. Les zones les plus sombres des images 1 et 2 ne sont pas bleues, mais grises en fait avec des teintes très peu saturées. L'image 3 montre un segment de la calotte polaire Nord : la glace d'eau est très légèrement rosâtre, car teintée par les poussières de l'atmosphère qui y sont déposées. Les images 4 et 5 sont prises au-dessus de la calotte polaire Sud : notons que le givre est légèrement rosé.

1

3

Les images orbitales

Elles sont la plupart du temps, pour les sondes américaines, prises en mode panchromatique (en noir et blanc). Il s'agit donc d'échantillonner des teintes à partir d'images en couleurs à basse résolution prises parfois ailleurs sur Mars. Des dizaines de couleurs sont ensuite appliquées individuellement sur l'image à haute résolution comme on fait de la sérigraphie sur les tissus. Certains clichés ont ainsi nécessité parfois près d'une centaine de sélections individuelles. Les couleurs se

2

3

4

5

6

7

es vues à haute résolution
en couleurs des atterrisseurs Viking

Les caméras des atterrisseurs Viking travaillaient
sous deux modes : haute résolution panchromatique
et basse résolution en couleurs (sous trois filtres :
bleu, vert et rouge). Les images à haute résolution
(1 à 4) sont d'abord patiemment assemblées entre
elles pour produire des panoramas complets (5) en
noir et blanc. Ensuite, on les fusionne tout en précision avec les vues prises en basse résolution couleur
(6). Le résultat est spectaculaire : maintenant, vous
contemplez pour la première fois Mars vue par
Viking en haute résolution et en couleurs (7) ! Ce
sont une vingtaine de panoramas qui ont été ainsi
produits, dont certains ont été choisis pour figurer
dans cet ouvrage.

Les images couleurs des sondes Pathfinder, Spirit et Opportunity

Ici, on assemble des images à haute résolution déjà prises individuellement sous des filtres en couleurs : c'est-à-dire une image prise sous filtre bleu + une prise sous filtre vert + une prise sous filtre rouge. Il faut, de temps à autre, pour l'une des trois images, corriger certaines données manquantes (bandes ou carrés noirs) provoquées par des défauts de transmission vers la Terre. Il faut également corriger les défauts de parallaxe induits par le mouvement de la caméra ent chaque prise de vue. En outre, pour Spirit et Opportunity, la réductic de la saturation du canal rouge, pris en fait sous filtre infrarouge, s'ir pose en le compensant par les teintes verte et bleue. Ci-contre droite, une mosaïque d'images brutes prises par Spirit (cf. p. 13 l'image finale intégrant toutes les corrections).

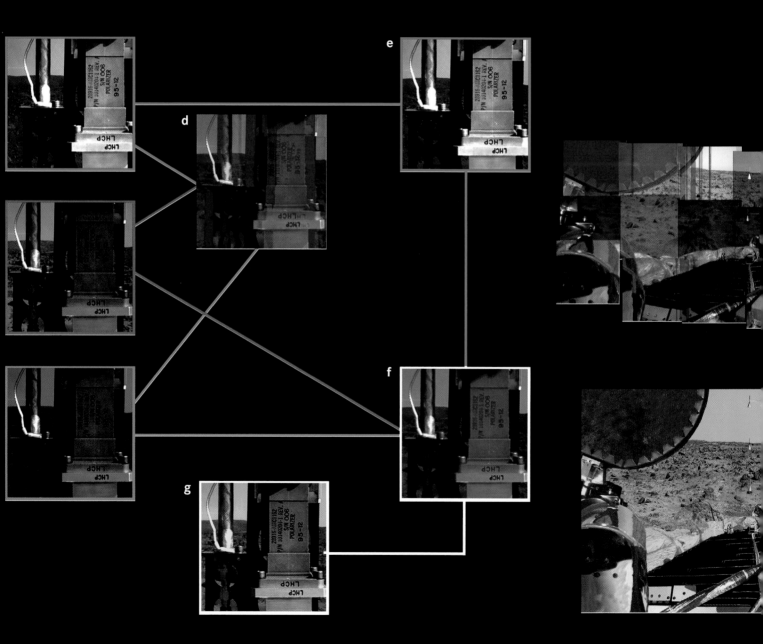

148

Le panorama ci-dessous a été pris sur Mars le 6 juillet 1997 entre 15 h et 17 h locales par la caméra de la sonde Mars Pathfinder. Au fur et à mesure de sa rotation, la caméra a calculé pour chaque prise de vue le contraste et la luminosité. Le résultat (haut) n'est pas homogène. En outre, des défauts de transmission ont créé des bandes noires sur certaines images.

Certaines corrections sont nécessaires (schéma p. 148). Tout d'abord la reconstitution des données manquantes : comme le vert, par exemple, dont l'absence crée des bandes roses. Un vert de synthèse, recréé à partir du bleu et du rouge, permet de retrouver les teintes d'origine. D'autres corrections consistent à recentrer le signal bleu (a), décalé de quelques pixels à droite lors de la prise de vue, sur les images rouge (b) et verte (c) d'origine. En effet, leur superposition sans recentrage donne une image floue (d). Une nouvelle image bleue recentrée est créée (e) qui, superposée aux images bleu et rouge donne une image nette (f). Mais, il faut effectuer des corrections chromatiques à partir des mires de couleurs sur la sonde. On obtient alors une bonne image (g).

Après correction de la parallaxe et assemblage de toutes les images entre elles, on obtient le panorama final (bas).

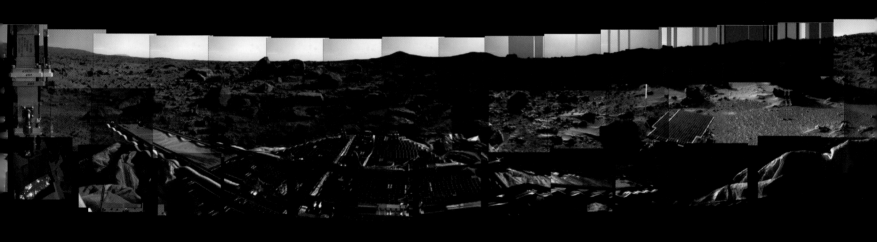

Les images altimétriques de synthèse

Elles sont recréées à partir des données altimétriques de l'instrument MOLA de la sonde Mars Global Surveyor (MGS), en coopération avec l'équipe du centre NASA/GSFC. Depuis sa mise en orbite en septembre 1997, l'altimètre laser de la sonde a effectué 640 millions de mesures du relief martien. Des faisceaux laser très brefs (8 nano-secondes) sont émis continuellement depuis une orbite de 400 km d'altitude, illuminant un cercle au sol. La lumière réfléchie de la surface est captée à l'aide d'un télescope. Puis une horloge donne avec précision le temps qu'a mis le signal pour aller et venir jusqu'à l'instrument : plus le temps est long, plus la surface est éloignée de la sonde. Un temps de réponse court induit un relief élevé. MGS repas-sant tous les 7 jours martiens au-dessus du même endroit, un « maillage » de plus en plus fin de la planète a été obtenu. Ces images permettent de dresser des cartes offrant une résolution très fine de $1/256^e$ de degré à l'équateur avec une précision altimétrique à 40 cm près ! Puis, on plaque une texture sur la carte, comme du plâtre étalé sur un treillis métallique. Les ombres sont calculées, la basse atmosphère poussiéreuse est aussi reproduite : vous êtes sur Mars !

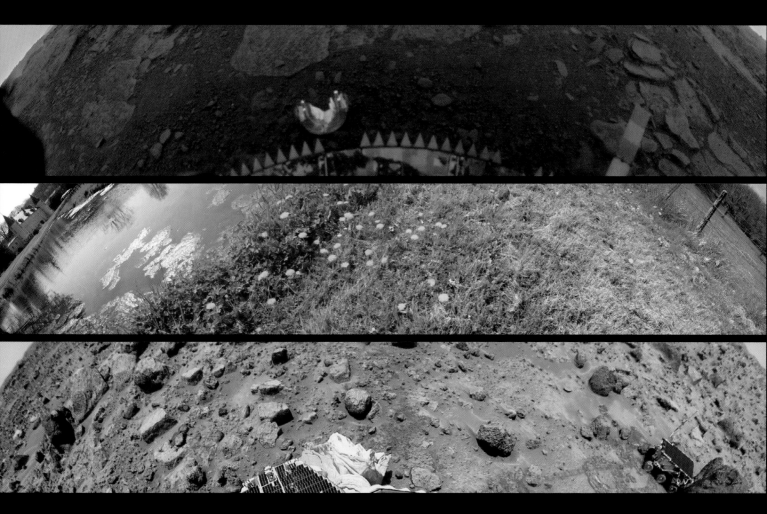

Les orbites de Mars

Mars est la planète qui se positionne juste après la Terre lorsqu'on s'éloigne du centre de notre système solaire. Ayant plus de distance à parcourir sur son orbite et tournant plus lentement autour de notre étoile, l'année martienne dure presque le double de la nôtre (687 jours, contre 365). Tous les 780 jours en moyenne, elle passe alternativement derrière nous par rapport au Soleil, donc à l'opposé du Soleil vis-à-vis de nous (d'où le terme « en opposition »), puis elle se soustrait à notre regard en passant derrière le Soleil (d'où le terme « en conjonction »). Mars ne possède pas une orbite circulaire, mais plutôt excentrique.

Sa distance à notre étoile varie de 206 millions de km au plus près (périhélie) à 249 millions de km au plus loin (aphélie). La position de Mars lorsqu'elle est en opposition avec la Terre peut donc varier considérablement selon qu'elle se trouve près ou loin du Soleil sur son orbite. Lors d'une opposition dite « aphélique » (Mars est au plus loin

Trois mondes, un Soleil. Vénus (en haut) : une planète aux conditions de chaleur extrêmes (+480 °C) où il ne fait pas plus jour que pendant un gros orage sur Terre. La Terre (au milieu) : une agréable journée de printemps en Bourgogne où la vie foisonne. Mars (en bas, MPF) un monde terrestre mais froid : à midi, il fait -30 °C !

du Soleil sur son orbite), la planète rouge se trouve à 101 millions de km de nous. Lors d'une opposition dite « périhélique » (Mars est au plus près du Soleil sur son orbite), la planète rouge peut nous « frôler » à 55,09 millions de km, soit seulement 150 fois la distance Terre-Lune ! Dans le ciel, on la voit alors comme une très grosse étoile rougeâtre, aussi lumineuse qu'un avion en approche finale. Ainsi, le 27 août 2003, l'opposition martienne fut au minimum de distance théorique, à 55,76 millions de km, avec un passage au plus près coïncidant presque avec son périhélie.

Près d'une étoile, la zone dite « de vie » (ou « écosphère », l'anneau en dégradé de gris ci-dessous) se situe là où l'eau peut se maintenir liquide à la surface d'une planète. Pour notre système solaire, elle débute un peu avant l'orbite terrestre à 0,95 unités astronomiques (UA), soit à 141 millions de km, là où le flux solaire ne dépasse pas 1,1 fois celui reçu sur Terre. Elle s'étend jusqu'à 1,60 UA, juste avant la limite extérieure de l'orbite de Mars (1,66 UA), là où la lumière n'est que de 0,3 fois celle reçue sur notre globe. Vénus, qui tourne plus près du Soleil que la Terre, baigne dans une luminosité 1,9 fois plus importante que la nôtre. La vie, si elle y est née, n'a pu s'y maintenir très longtemps. Notre Terre se situe très près de la limite inférieure de l'écosphère. Avec l'augmentation constante de la lumière solaire de 1 % tous les 100 millions d'années en moyenne, la température moyenne à la surface de notre globe sera proche de 50 °C dans un milliard d'années, au lieu des 15 °C tempérés d'aujourd'hui. La vie ne s'y maintiendra que très difficilement. Quant à Mars, l'excentricité de son orbite actuelle (9 %) l'amène à quitter brièvement la zone de vie au plus loin du Soleil. En revanche, lorsque le Soleil chauffera davantage, Mars deviendra un monde au climat plus tempéré.

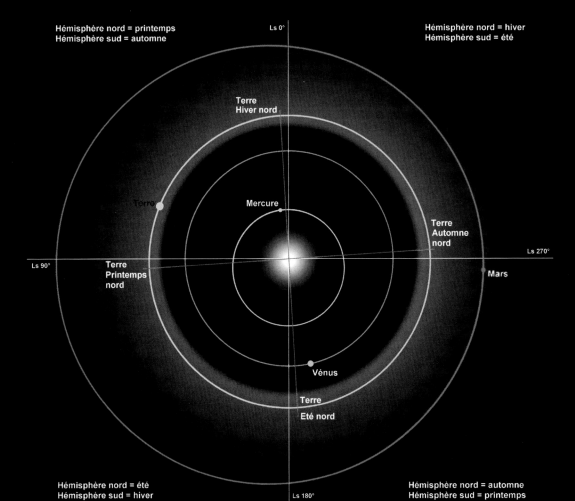

Hémisphère nord = printemps
Hémisphère sud = automne

Ls 0°

Hémisphère nord = hiver
Hémisphère sud = été

Terre
Hiver nord

Mercure

Terre
Automne
nord

Ls 270°

Terre

Ls 90°

Terre
Printemps
nord

Mars

Vénus

Terre

Eté nord

Hémisphère nord = été
Hémisphère sud = hiver

Ls 180°

Hémisphère nord = automne
Hémisphère sud = printemps

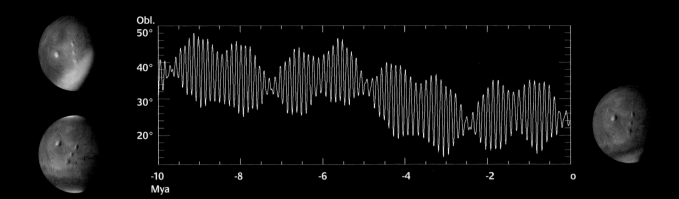

On s'aperçoit qu'une planète de la taille de notre Terre tournant sur une orbite martienne, posséderait aujourd'hui une épaisse atmosphère de gaz carbonique et des températures clémentes à la surface, évitant à ses océans de geler. Cette atmosphère serait irrespirable pour nous, mais serait parfaitement capable d'entretenir des formes de vie évoluées (plantes…). Malheureusement, Mars ne « pèse » que 11 % de la masse terrestre. Sa taille est bien inférieure aux minima requis pour retenir longtemps son atmosphère primitive épaisse de gaz carbonique : celle-ci s'est dissipée dans l'espace. Il ne reste aujourd'hui qu'un petit monde froid, dont les océans ont fini par geler…

L'obliquité

L'axe de rotation de Mars varie de façon incontrôlable, car contrairement à notre Terre qui possède une lune de masse importante, rien ne vient stabiliser cette inclinaison par rapport au plan de son orbite (appelée aussi « obliquité »). Incliné actuellement de 25,2°, il marque des saisons comme sur Terre, mais bascule de 30° tous les 100 000 ans en moyenne. De 3 à 6 millions d'années avant notre ère (schéma), l'obliquité a varié de 5° (planète à l'atmosphère calme et aux larges calottes polaires) à 48° (atmosphère très active et glace présente jusqu'à l'équateur). Par exemple, de -20 000 ans à -10 000 ans avant notre ère, on a assisté à une amélioration progressive des températures aux pôles, jusqu'à un point de non-retour lorsque l'obliquité a atteint 27,5°. Chaque pôle recevait alors au gré des saisons un meilleur ensoleillement. Toute la glace carbonique s'est alors sublimée en faisant remonter la pression atmosphérique jusqu'à 40 millibars. La glace d'eau

entre 50° et 70° de latitude. C'est lors de ces périodes plus chaudes que les fameuses « fontaines » connurent leur maximum d'activité. De -10 000 ans à notre ère, c'est l'inverse qui s'est produit. L'obliquité a baissé et le CO_2 atmosphérique s'est condensé aux pôles : la pression a chuté et l'humidité est repartie vers les pôles pour s'y déposer sous forme de glace.

Lorsque l'on remonte à l'envers plus loin dans le temps, des changements plus radicaux ont eu lieu. De -2,5 à -10 millions d'années, l'obliquité moyenne a progressivement augmenté jusqu'à 38°. Or, au-delà de 35°, l'ensoleillement devient si fort l'été que les calottes polaires vont jusqu'à disparaître ! Mais, à l'inverse, les régions équatoriales moins ensoleillées se refroidissent beaucoup, piégeant l'humidité atmosphérique. Ce sont alors plusieurs dizaines de mètres de glace qui s'accumulaient vers 30° de latitude en quelques millénaires et subsistaient même l'été. La pression atmosphérique pouvait alors monter à une centaine de millibars, pour rechuter aussi vite lors de la condensation massive de gaz carbonique vers l'hémisphère plongé dans la nuit. Mars connaissait aussi de rares périodes, trop courtes, où l'obliquité descendait à 28° : la glace s'accumulait. Lorsque l'obliquité moyenne est redescendue sur une période plus longue vers 25°, la glace a disparu aux latitudes moyennes, sauf là où elle s'est recouverte d'une couche isolante de poussières. Les calottes polaires ont

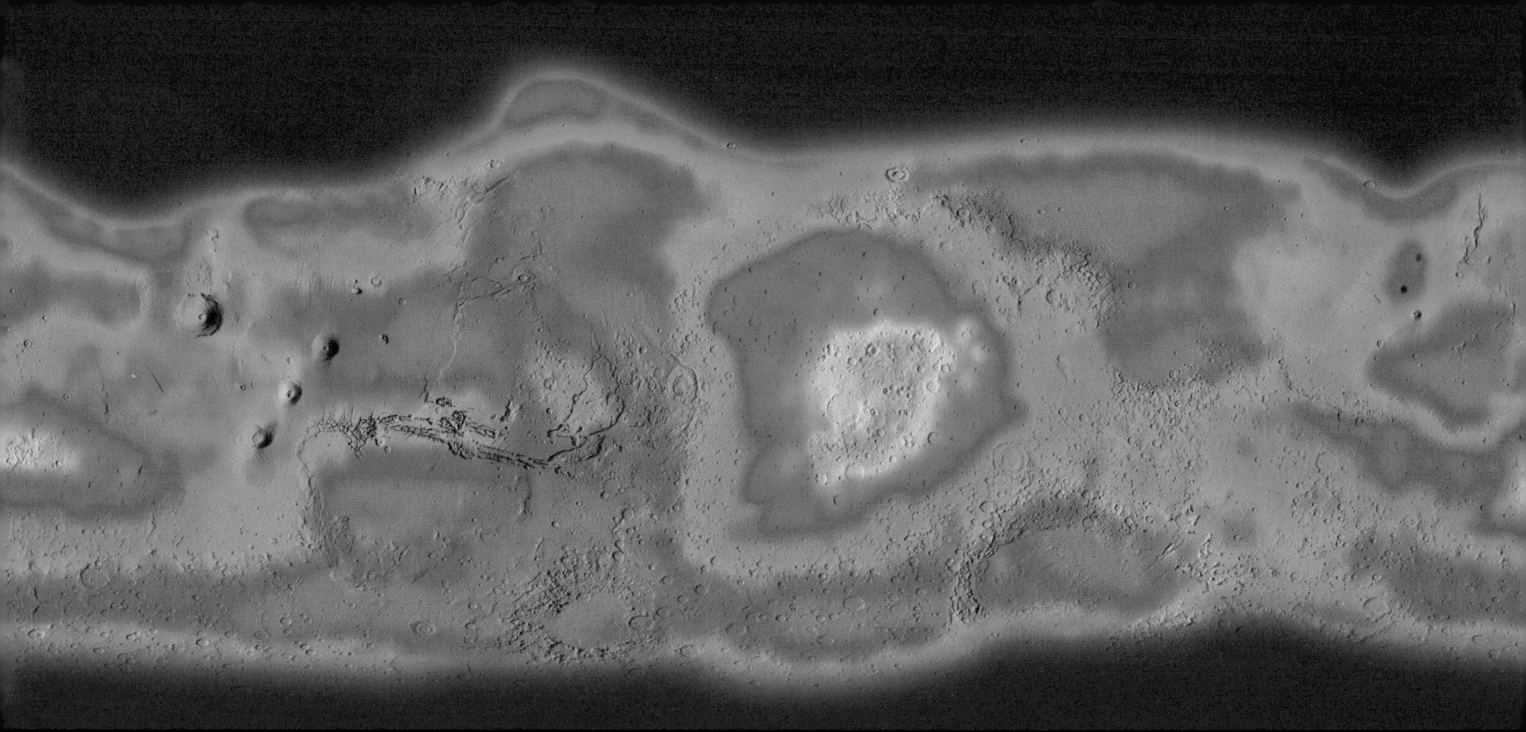

. Données : NASA/JPL/University of Arizona/Los Alamos National Laboratories.
Altimétrie : NASA/MOLA Science Team.

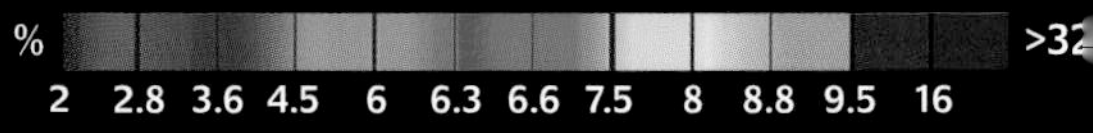
%
2 2.8 3.6 4.5 6 6.3 6.6 7.5 8 8.8 9.5 16
>32

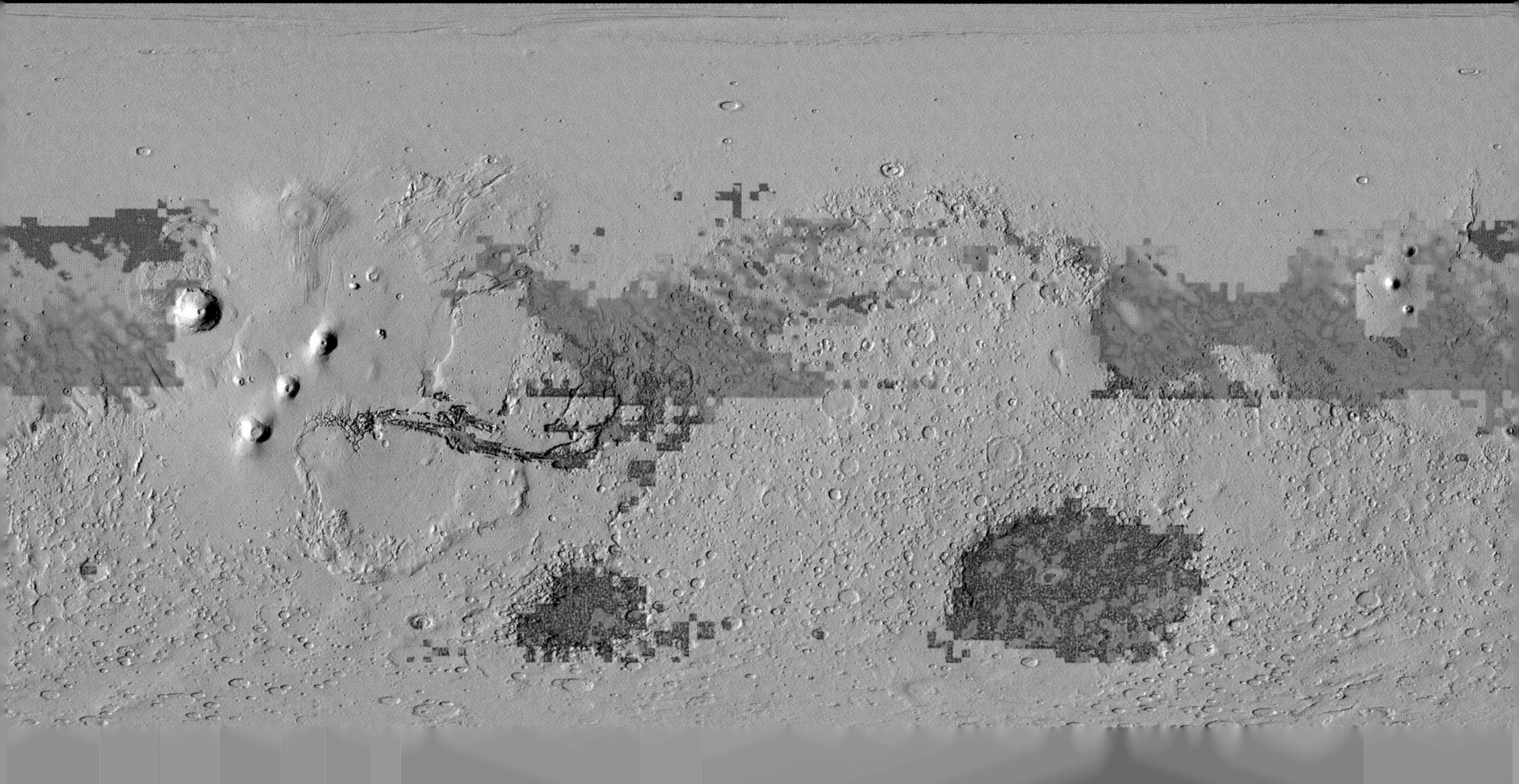

Une planète gorgée d'eau !

On a détecté l'eau sur Mars grâce à une expérience de physique nucléaire. Trois instruments (un spectromètre gamma et deux spectromètres à neutrons) sont montés sur la sonde Mars Odyssey. Baptisé « GRS » (pour « Gamma Ray Spectrometer »), cet ensemble mesure l'abondance dans le sous-sol de l'hydrogène, constituant essentiel de la molécule d'eau (H_2O). Résultat : Mars est une planète gorgée d'eau (carte n° 1). Les zones bleues indiquent en pourcentage les endroits où les plus fortes concentrations d'hydrogène ont été détectées, sous forme de glace dans le sous-sol. Les régions jaunes près de l'équateur indiquent qu'il est aussi présent, mais en plus faibles quantités et mélangé aux roches. De 70° N au pôle Nord (carte n° 2), les concentrations vont jusqu'à 100 % (rouge) : la calotte est ici faite de glace d'eau. Noter, en haut à gauche, une vaste zone centrée par 72° N et 130° O révélant des terrains gelés contenant en volume au moins 50 % d'eau à moins d'un mètre de profondeur et jusqu'à 70 % dans les cinquante premiers centimètres de la surface !

En combinant les relevés altimétriques avec les températures et les pressions relevées sur la planète, une carte a été dressée (carte n° 3), qui montre les endroits (zones colorées) les plus bas de Mars où l'eau peut rester à l'état liquide quelques dizaines de minutes par jour. En combinant ces données avec les lieux où un maximum d'humidité atmosphérique a été relevé (en microns précipitables), on obtient les sites de la planète (en jaune et en rouge) les plus favorables à l'entretien d'une vie à la surface, si elle existe (sans tenir compte d'une vie réfugiée sous la surface dans les nappes phréatiques dont on soupçonne l'existence un peu partout ailleurs).

Mars a possédé autrefois un vaste océan boréal. Les très nombreuses anciennes traces d'écoulement témoignent de la convergence de l'eau en provenance des hauts plateaux équatoriaux vers les basses plaines de l'hémisphère Nord.

La carte n° 4 (vue polaire) reconstitue le second océan boréal qui a occupé toutes les basses plaines par épisodes de -3,6 à -2,9 milliards d'années et qui a fini par geler sur place. L'eau n'a pas totalement disparu : une partie a gelé, s'est mélangée à tous les sédiments apportés là et s'est recouverte de plusieurs dizaines de centimètres de poussières au fil du temps.

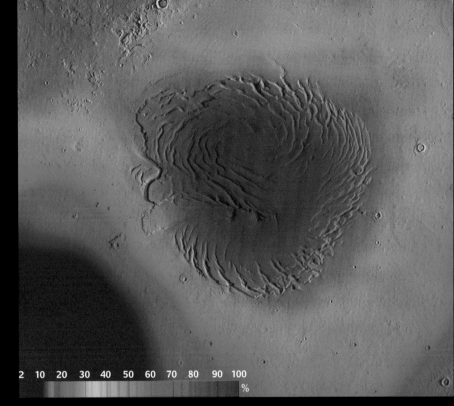

2	10	20	30	40	50	60	70	80	90	100

%

2. Données NASA/JPL/University of Arizona/Los Alamos National Laboratories. Altimétrie : NASA/MOLA Science Team.

4. Données : NASA/MOLA Science Team. Source : « Oceans on Mars », Carr, Head III, 2003, JGR, 108 (E5), 5042

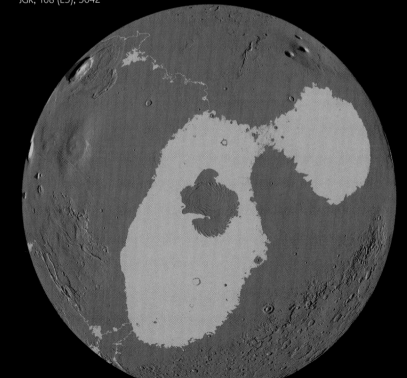

CHRONOLOGIE COMPARÉE DES TEMPS GÉOLOGIQUES TERRE-MARS

(source: W. K. Hartmann & G. Neukum, « Cratering Chronology & the Evolution of Mars », *Space Science Reviews*, 96, pp. 165-194, 2001)

Dates avant J.-C. (milliards d'années)	Histoire géologique terrestre	Événements sur Terre	Histoire géologique de Mars*	Événements sur Mars
0,06	CÉNOZOÏQUE	Mammifères		Calotte polaire Nord actuelle
0,2	MÉZOZOÏQUE	Dinosaures	AMAZONIEN SUPÉRIEUR	Éruptions volcaniques sur Tharsis
0,3		Premiers reptiles		Coulées dans Athabasca Vallis
0,4	PALÉOZOÏQUE	Premières plantes		
0,5		Vie sur continents		Formation chenal Tiu Vallis
0,6		Premiers invertébrés		
0,7				
0,8			AMAZONIEN MOYEN	
0,9				Large « poussée » : volcan Olympus Mons
1				Formation chenal Mangala Vallis
1,1				
1,2				
1,3		Début de l'oxygène		
1,4	PROTÉROZOÏQUE	dans l'atmosphère		Large « poussée » : volcan Pavonis Mons
1,5				
1,6				
1,7				Large « poussée » : volcan Arsia Mons
1,8				Large « poussée » : volcan Alba Patera
1,9				
2				
2,1				
2,2		Oxygène présent	AMAZONIEN INFÉRIEUR	
2,3		dans l'atmosphère		Formation Athabasca Vallis
2,4				
2,5		Premiers continents		Naissance du volcan Olympus Mons
2,6				Naissance des petits volcans de Tharsis
2,7				
2,8				Naissance des volcans d'Elysium
2,9				Vaste océan boréal
3				Premiers grands chenaux d'inondations
3,1				Accélération du bombement de Tharsis
3,2			HESPÉRIEN SUPÉRIEUR	Grands lacs dans Valles Marineris
3,3				Naissance des grands volcans de Tharsis
3,4	ARCHÉEN			Naissance du volcan Alba Patera
3,5			HESPÉRIEN INFÉRIEUR	Début de formation de Valles Marineris
3,6		Premières algues	NOACHIEN SUPÉRIEUR	Fin de la période « chaude » de Mars
3,7				Diminution du volcanisme sur anciens terrains
3,8		Premières molécules de vie	NOACHIEN MOYEN	Vastes océans sur Mars
3,9				
4				Premiers volcans sur anciens terrains
4,1				Début de Tharsis et premiers volcans
4,2			NOACHIEN INFÉRIEUR	Atmosphère plus dense et active
4,3		Premiers océans		Formation des grands bassins (Hellas, Utopia…)
4,4		Formation de la Lune		Intenses bombardements météoritiques
4,5				

*Les noms donnés aux périodes géologiques de Mars sont tirés des formations caractéristiques de Mars :
- Le nom « Noachien » (ou ère noachienne) vient de la vieille région Noachis (centrée par -40° S et 330° O) qui garde la trace d'intenses bombardements météoritiques (nombreux cratères) du début de la formation du système solaire ;

– Le nom « Amazonien » (ou ère amazonienne) vient de la basse plaine d'Amazonis, à l'ouest du volcan géant Olympus Mons (centrée par 15° N et 160° O), qui témoigne des éruptions tardives sur Mars ayant effacé tous les anciens terrains cratérisés ou non pour créer de vastes plaines volcaniques dans l'hémisphère Nord.

COMPARATIF TERRE-MARS

CARACTÉRISTIQUES	TERRE	MARS

Distance au Soleil
  en millions de km
  unités astronomiques (UA)
	149,59
	1
		de 206,65 à 249,22
		de 1,38 à 1,66

Durée de révolution autour du Soleil	365,25 jours (1 an)	1,88 an (668 sols*)
Période de rotation (journée)	23,93 h	24,61 h (1 sol)
Inclinaison de l'équateur	23,45°	24°
Masse (Terre=1)	1	0,11
Diamètre (km)	12 756	6 779
Densité (g/cm ; eau=1)	5,52	3,94
Gravité à la surface (Terre=1)	1	0,38
Vitesse de libération	11,18 km/s	5,02 km/s
Albédo (visuelle)	29 %	16 %
Point le plus élevé	8 850 m (Everest)	21 300 m (Olympus Mons)
Point le plus bas	-11 035 m (fosse du Challenger, fosse des Mariannes, Océan Pacifique)	-8 210 m (fond de cratère dans le bassin Hellas)

Températures à la surface
  minimale
  moyenne
  maximale
	-89°C (Antarctique)
	+15°C
	+58°C (Libye)
		-140°C (pôles)
		-63°C
		+32°C (sud de l'équateur)

Longueur des saisons
  printemps
  été
  automne
  hiver
	93 jours
	93 jours
	90 jours
	89 jours
		194 sols (Ls**=0°)
		178 sols (Ls=90°)
		142 sols (Ls=180°)
		154 sols (Ls=270°)

Composition de l'atmosphère (%)
  azote
  oxygène
  dioxyde de carbone (CO_2)
	78,08
	20,94
	0,033
		2,7
		0,13
		95,32

Pression atmosphérique à la surface	1 013 mb (au niveau de la mer)	5,2 mb (à l'altitude 0 km)
Flux solaire reçu à la surface (W/m)	1 (1 320)	0,44 (580)
Satellites (nom+diamètre)	Lune : 3 480 km	Phobos : 27x23x19 km Deïmos : 15x11x12 km
Distance orbitale du satellite au centre de la planète	Lune : 384 400 km	Phobos : 9 378 km Deïmos : 23 460 km
Période de révolution du satellite autour de la planète	Lune : 29 j 12 h	Phobos : 7 h 39 mn Deïmos : 1 j 6 h 21 mn
Altitude d'un satellite artificiel équatorial géostationnaire au-dessus de la surface //vitesse orbitale	35 958 km //3,09 km/s	17 034 km //1,45 km/s

* Le jour martien, ou sol, dure 24 h 37 mn terrestres.
** Longitudes solaires (Ls), c'est à dire les coordonnées de l'orbite de Mars autour du Soleil pour connaître les saisons. Sachant qu'une année martienne fait 360° de Ls : Ls 0° est l'équinoxe de printemps boréal et d'automne austral ; Ls 90° est le solstice d'été boréal et d'hiver austral ; Ls 180° est l'équinoxe d'automne boréal et de printemps austral ; Ls 270° est le solstice d'hiver boréal et d'été austral.

COMPARAISON DES CONSTITUANTS ENTRE LES ATMOSPHÈRES DE LA TERRE ET DE MARS

GAZ IDENTIFIÉS	MARS (en %)	TERRE (en %)
Dioxyde de carbone (CO_2)	95,32	0,033
Azote (N_2)	2,7	78,08
Argon 40 (40AR)	1,6	0,93
Argon 36 (36AR)	4 ppm*	32 ppm
Oxygène (O_2)	0,13	20,94
Monoxyde de carbone (CO)	0,07	0,12 ppm
Vapeur d'eau (H_2O)	0,03	4 (variable)
Néon (Ne)	2,5 ppm	18,2 ppm
Méthane (CH_4)	10,5 ppb**	1,70 ppm
Krypton (Kr)	0,3 ppm	1,14 ppm
Xénon (Xe)	0,08 ppm	0,09 ppm
Ozone (O_3)	0,03 ppm	0,4 ppm
Pression atmosphérique à la surface	*5,2 millibars*** à l'altitude 0 km****	*1 013 millibars au niveau de la mer*

* ppm : part par million.
** ppb : part par milliard (*part per billion*).
*** Millibars (mb dans cet ouvrage) : c'est l'équivalent des hectopascals utilisés aussi par les chercheurs.
**** L'ancienne pression moyenne à la surface de Mars (6,1 millibars) servant à calculer l'altitude « zéro », à la saison correspondant à la longitude solaire 0° (Ls 0°) de Mars sur son orbite, se trouve maintenant à l'altitude – 1 600 m sur la nouvelle carte topographique de la planète.

MOYENNE DES TEMPÉRATURES ET DES PRESSIONS ATMOSPHÉRIQUES RELEVÉES À LA SURFACE DE MARS SUR PLUSIEURS ANNÉES

SONDE	TEMPÉRATURES (en °C)						PRESSION (en mb)	
	Été (heure locale)		Hiver (heure locale)		Pendant les tempêtes de poussières			
	5 h	14 h	6 h	15 h	5 h	14 h	Été	Hiver
Viking 1 (22,5° N et -3 600 m d'altitude)	-85°	-30°	-95°	-57°	-83°	-69°	6,7	9,1
Viking 2 (48° N et -4 500 m d'altitude)	-84°	-32°	-122°*	-92°	-81°	-71°	7,4	10,7

* Un capteur de température se trouvait sur la pelle collectrice d'échantillons des Viking. En 1979, au cœur du deuxième hiver au site de Viking 2, on inséra la pelle dans la surface. Au petit matin, la température relevée était de -128°C, pour remonter à seulement -104°C à 15 h !

GLOSSAIRE

Airbags : Coussins gonflables positionnés autour de la sonde pour la protéger lors de l'impact à l'atterrissage.

Andésite : Roche magmatique, riche en silicium, provenant d'une zone de subduction où la croûte de la planète plonge dans le manteau et subit une fusion partielle.

Argile : Roche terreuse en feuillets faite de silicates hydratés en fines particules.

Astéroïde : Petite planète du système solaire d'un diamètre compris entre 1 et 1000 km.

Basalte : Roche magmatique très commune, riche en fer et en magnésium, de couleur brune ou noire.

Bassin : Dépression circulaire plus ou moins étendue.

Caldeira : Cratère d'explosion ou d'effondrement au centre d'un volcan.

Canyon : Gorge creusée dans un plateau rocheux.

Chaos : Empilement désordonné de roches (venant du grec « confusion »). Sur Mars il s'agit aussi de régions d'effondrement de terrains.

Chenal : Vallée allongée, creusée par l'eau (sur Mars, l'eau n'y coule plus aujourd'hui).

Conjonction : Il y a conjonction lorsque, vus depuis la Terre, deux corps célestes sont très proches l'un de l'autre. Lorsque Mars se trouve derrière le Soleil, il y a conjonction.

Convection : Mouvement circulaire et de haut en bas d'un fluide provoqué par une variation de température et/ou de densité en son sein.

Cratère : Dépression circulaire formée soit par le souffle d'une éruption volcanique (cratère dit « volcanique »), soit par l'impact d'une météorite (cratère dit « d'impact » ou « de météorite »).

Croûte : Enveloppe extérieure d'une planète (ou « écorce »), formée de roches de moindre densité. Elle recouvre le manteau.

Dichotomie : Différenciation en deux types distincts.

Dioxyde de carbone : Gaz incolore, produit de l'oxydation du carbone (CO_2, anhydride carbonique ou gaz carbonique).

Éjectat (ou éjecta) : Matières projetées vers l'extérieur au cours de la formation d'un cratère.

Érosion : Usure de la surface par l'eau, le vent ou la glace.

Lave : Roche en fusion émise sous forme liquide ou pâteuse par les volcans avec des coulées de longueurs variables. Après solidification, les roches peuvent avoir une apparence vitreuse, ou poreuse des suites de l'échappement des gaz situés à l'intérieur.

Maghémite : Un oxyde de fer, sous forme de minéral très magnétisé.

Magma : Roches en fusion (liquides) à l'intérieur d'une planète.

Manteau : Région de l'intérieur d'une planète, située entre la croûte et le noyau.

Météorite : Corps rocheux circulant dans l'espace, qui survit à une traversée atmosphérique et qui impacte la surface d'une planète.

Minéral : Corps inorganique, résultant d'un processus naturel, avec une structure physique et une composition chimique homogène. Dans certaines conditions, les minéraux peuvent former des cristaux.

Obliquité : Angle que forme le plan de l'écliptique (celui de l'orbite d'une planète autour du Soleil) avec son axe de rotation aux pôles (25,2° pour Mars et 23,45° pour la Terre).

Mons (pl. *Montes*) : Important relief dépassant la topographie environnante (du latin *mons*, montagne).

Olivine : Minéral commun des roches volcaniques $(Mg, Fe)_2SiO_4$.

Opposition : Mars est en opposition lorsque la Terre se trouve entre le Soleil et Mars.

Orbite : Courbe décrite par une planète autour du Soleil.

Pergélisol : Surface gelée en permanence (*permafrost* en anglais).

Planitia : Surface étendue, de basse altitude et à faible topographie.

Précession : Changement cyclique et régulier de l'orientation de l'axe de rotation d'une planète.

Régolite : Couche de débris créée par la pulvérisation de la surface par des impacts de météorites.

Roche sédimentaire : Roche formée à la surface d'une planète par l'accumulation progressive de sédiments rocheux et organiques et de dépôts issus de réactions chimiques.

Roche volcanique : Ici dans le sens de roche magmatique : résultant du refroidissement d'un magma (granites et basaltes).

Rover : Véhicule tout-terrain motorisé à roues.

Sédiment : Fragment formé par la décomposition de matériaux de la surface qui est déplacé par l'érosion et transporté par la glace, l'eau et le vent.

Silicates : Groupe de minéraux contenant du silicium et de l'oxygène (par ex. : les roches volcaniques).

Spectromètre : Instrument utilisé pour mesurer un spectre, d'où on déduit une chimie élémentaire et la présence de minéraux.

Subduction : Enfoncement d'une plaque de croûte planétaire sous une autre plaque.

Sublimation : Transition de l'état solide à l'état gazeux, sans passer par l'état liquide.

Tectonique : Fractures, mouvements divers et tremblements qui déforment la croûte d'une planète.

Tectonique des plaques : Mouvements de la croûte d'une planète qui la fracture en plaques autonomes (continents).

Terraformation : Action de transformation d'une planète pour la rendre semblable à la Terre.

Vallis (pl. *Valles*) : Vallée qui a été autrefois modelée par un cours d'eau (du latin, signifiant « vallée »).

Volcan : Point de sortie à l'extérieur de la croûte des laves et des gaz chauds en provenance de l'intérieur d'une planète.

BIBLIOGRAPHIE

EN FRANÇAIS

À la recherche d'une vie sur Mars, Albert Ducrocq, Flammarion, 1976.

« Mars », Philippe Masson, Guy Israël et André Brahic, *Le Grand Atlas Universalis de l'Espace*, Encyclopaedia Universalis, 1987, pp. 124-151.

« L'Imagerie spatiale », Olivier de Goursac, *Le Grand Atlas Universalis de l'Espace*, Encyclopaedia Universalis, 1987, pp. 148-149.

« Objectif Mars », Olivier de Goursac, *Le Grand Atlas Universalis de l'Espace*, Encyclopaedia Universalis, 1987, pp. 204 et suivantes.

« Bilan de la mission Mars Pathfinder. Le roman d'un grand succès », *L'Astronomie*, Société astronomique de France, août-octobre 1999.

La Vie sur Mars, Charles Frankel, Seuil, 1999.

La Planète Mars, François Costard, PUF, 2000, coll. « Que sais-je ? », n° 3568.

Navigateur interplanétaire, Cheick Modibo Diarra, Albin Michel, 2000.

À la conquête de Mars, Olivier de Goursac, Larousse, 2000.

La Recherche de la vie dans l'Univers, Nathalie Cabrol et Edmond Grin, PUF, 2000, coll. « Que sais-je ? » n° 3573.

Planète Mars, Francis Rocard, Flammarion, 2001.

La Planète Mars. Histoire d'un autre monde, François Forget, François Costard et Philippe Lognonné, Belin, 2003.

Sur Mars, le guide du touriste spatial, Pierre Lagrange et Hélène Huguet, EDP-Sciences, 2003.

Au plus près de la planète Mars, coordonné par Philippe Morel avec Pierre Bourge, Jean-Christophe Dalouzy, Gilles Dawidowicz, Audouin Dollfus, Jean Dragesco, Roger Ferlet, Olivier de Goursac, Richard Heidmann, Jean Meeus, Hélène Reyss, Francis Rocard, Marc Salameh, Alain Souchier, Jean Texereau et René Verseau, Vuibert, 2003.

« Mars, tout sur les missions », Vincent Poinsignon, André Brack, Olivier de Goursac et Gilles Dawidowicz, *L'Astronomie*, Société astronomique de France, novembre-décembre 2003.

IN ENGLISH

The Mariner 6 & 7 Pictures of Mars, NASA SP-263, 1971.

The New Mars, The Discoveries of Mariner 9, NASA SP-337, 1974.

The Martian Landscape, NASA SP-425, 1978.

The Atlas of Mars. The 1:5.000.000 map Series, NASA SP-438, 1979.

Viking Orbiter Views of Mars, NASA SP-441, 1980.

The Cambridge Encyclopedia of Space, Cambridge University Press, 1990.

The Case for Mars, Robert Zubrin, Free Press, 1996.

Mars, The Living Planet, Barry E. DiGregorio, Frog Ltd, 1997.

Uncovering the Secrets of the Red Planet, Paul Raeburn & Matt Golombek, National Geographic Society, 1998.

The Quest for Mars, Laurence Bergreen, Harper Collins Publishers, 2000.

Mars, Heather Couper and Nigel Henbest, Headline Book Publishing, 2001.

The Smithsonian Book of Mars, Joseph M. Boyce, Smithsonian Institution, 2002.

Mapping Mars, Oliver Morton, Harper Collins Publishers, 2002.

A Traveler's Guide to Mars, William K. Hartmann, Workman Publishing, 2003.

SITES INTERNET À CONSULTER

pour voir les images envoyées de Mars par les sondes

Le site de la caméra MOC de la sonde Mars Global Surveyor (MGS) chez Malin Space Science Systems (MSSS) : *http://www.msss.com*

- Le site de la caméra THEMIS de la sonde Mars Odyssey à l'Université d'Arizona : *http://themis.asu.edu*

- Les sites de la caméra PANCAM de la sonde Mars Exploration Rover (MER) :
au centre NASA/JPL : *http://marsrovers.jpl.nasa.gov/home*
à l'Université Cornell : *http://athena.cornell.edu*

- Le site du centre NASA/JPL pour les programmes vers Mars :
http://marsprogram.jpl.nasa.gov/index.html

CRÉDITS

1. Les images spatiales utilisées pour cet ouvrage sont toutes de source publique (Internet, NASA/Planetary Data System...), hormis celles mentionnées aux points 2, 3, 4 et 5. Elles ont été ensuite retraitées et retravaillées par l'auteur (pour les techniques utilisées, cf. pp. 145-150). Elles sont ainsi à créditer (+ références dans les légendes) :
- Sondes Viking (« Viking ») et Pathfinder (« MPF ») : « Images NASA/JPL, retraitements O. de Goursac » ;
- Sonde Mars Global Surveyor (« MOC ») : « Images NASA/JPL/Malin Space Science Systems, retraitements O. de Goursac » ;
- Sonde Mars Odyssey (« Themis ») : « Images NASA/JPL/Arizona State University, retraitements O. de Goursac » ;
- Sondes Mars Exploration Rover (« MER ») : « Images NASA/JPL/Cornell University, retraitements O. de Goursac ».

2. Les reconstitutions de la surface en trois dimensions (« MOLA ») ont été effectuées à partir d'un protocole validé par l'auteur et Adrian Lark (*http://www.polygonworlds.com* et *http://www.mars3d.com*) en coopération avec les équipes du Mars Observer Laser Altimeter du centre Goddard Space Flight Center de la NASA (Dr. David Smith et Dr Maria Zuber).
Sites : *http://ltpwww.gsfc.nasa.gov/tharsis/mola.html* et *http://ltpwww.gsfc.nasa.gov/tharsis/vm_renders. html*.
Elles sont ainsi à créditer : « Données NASA/GSFC/MOLA Science Team, images O. de Goursac ».
Les images du pôle Sud des pp. 84-85 (« USGS/MOLA ») ont été élaborées à partir de données altimétriques aimablement fournies par les Dr. Laurence Soderblom et Dr. Trent Hare de l'US Geological Survey. Elles sont ainsi à créditer : « Données USGS, images O. de Goursac ».

3. Les mosaïques de Mars (pp. 12-13, 18-19, 25, 48-49, 78 et 93) ont été produites en 1992 par l'US Geological Survey à partir d'images orbitales prises par les sondes Viking (« USGS »). Toujours aussi belles, elles se devaient de figurer dans cet ouvrage. Que soit remercié vivement le Dr. Raymond Batson qui me les avait envoyées autrefois.

4. Un grand merci spécial à l'artiste Pat Rawlings (*http://www.patrawlings.com*), directeur artistique de la SAIC, qui a bien voulu accepter de voir son œuvre publiée ici (pp. 128-129).

5. L'image en couleurs de la surface de Vénus prise par la sonde russe Venera 13 (p. 151 en haut) a été reconstituée à partir des données brutes aimablement fournies par les Dr. James W. Head III et Stephen Pratt de Brown University (*http://www.planetary.brown.edu/*). Elle est à créditer : « Données Brown University/Vernadsky Institute, image O. de Goursac ».

6. Un grand merci aussi pour leurs coopérations de longue date aux :
- Dr. Phil Stooke, de l'University of Western Ontario (Canada) pour ses données sur la localisation de la sonde Viking 2 (*http://publish.uwo.ca/~pjstooke/*) pp. 126-127 ;
- Dr. James Tillman, de l'University of Washington à Seattle (*http://www.atmos.washington.edu/~mars/*) pour ses synthèses météorologiques prises depuis la surface de Mars par les sondes Viking et Pathfinder.

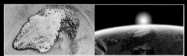   

DÉPLIANT 1 (VUES D'ORBITE)
1. Sur 6 km en hauteur, par 79° S et 136° O, dégivrage d'une mesa au pôle Sud en « taches de dalmatien ». (MOC)
2. Lever de Soleil sur Valles Marineris au croisement d'Ophir Chasma (à gauche) et de Coprates Chasma (à droite au fond). (MOLA)
3. Sur 25 km en largeur par 7 km en hauteur, par 10° N et 204° O, traces d'inondations d'eau et de boues dans la région de Cerberus au sud des volcans d'Elysium (Athabasca Vallis). Le nord est à droite. Les terrains compactés par les impacts des cratères ont été contournés par le courant venu de l'est (en bas) pour former des sillages en forme de gouttes. (MOC)

DÉPLIANT 2 (VUES DE LA SURFACE)
1. Viking 2, sur Utopia Planitia, à 6 h 50 le matin. De part et d'autre du mât de l'antenne pointée vers la Terre, les capots des générateurs nucléaires. Le paysage, ultra-plat, est déformé par l'inclinaison de la sonde. (Viking)
2. Panorama pris en fin d'après-midi par la caméra de la sonde Mars Pathfinder. Au fond les Twin Peaks. (MPF)
3. 11 h du matin : vue depuis le sommet du rempart du cratère Endurance, large de 130 m et profond de 20 m. À gauche, près de l'horizon à 1200 m, la coiffe avec son parachute et au premier-plan, les falaises Burns Cliffs hautes de 5 m avec leurs couches stratifiées : elles surplombent le rover Opportunity situé dans le cratère. Au milieu, la pente de 40° s'adoucit vers un fond recouvert de petites dunes de poussières. À droite, les promontoires Namib et Kalahari (MER)

Direction éditoriale : Jean-Vincent Bacquart. Coordination éditoriale : Denis Fasse.
Direction artistique : Valérie Gautier. Maquette : Bernard Pierre. Corrections : Belle Page.

Achevé d'imprimer en novembre 2004 chez Mame, à Tours
Dépôt légal : novembre 2004
ISBN : 2-7324-3214-8
N° d'impression : 04102029
Imprimé en France